爱你用一生作答

梁思成与林徽因

邴琴 著

中国文史出版社

图书在版编目（CIP）数据

爱你，用一生作答：梁思成与林徽因 / 邴琴著．
-- 北京：中国文史出版社，2018.8
ISBN 978-7-5205-0778-3

Ⅰ. ①爱… Ⅱ. ①邴… Ⅲ. ①梁思成（1901-1972）—生平事迹
②林徽因（1904-1955）—生平事迹 Ⅳ. ① K826.16

中国版本图书馆 CIP 数据核字（2018）第 259487 号

责任编辑：徐玉霞

出版发行：中国文史出版社
社　　址：北京市海淀区西八里庄 69 号院　　邮编：100142
电　　话：010-81136606 81136602 81136603（发行部）
传　　真：010-81136655
印　　装：北京地大彩印有限公司
经　　销：全国新华书店
开　　本：32 开
印　　张：8.25
字　　数：150 千字
版　　次：2020 年 3 月北京第 1 版
印　　次：2020 年 3 月第 1 次印刷
定　　价：49.80 元

目　录

第一章　生命早描定她的式样[1]

1918 年的中国正在寻找她的出路。外国列强将其视为刀俎弱肉，预备群起瓜分；国内各种政治力量互相倾轧，你方唱罢我登场。军阀势力在火拼扩张，改革家们在培育政治阵地，教育家们正往海外撒出种苗，文学家们在革除旧八股创立新文体。乱世激流已在暗海深处涌动，只待一点导火触媒掀起万壑巨涛。

而此时，北平还有表面暂时的现世安稳。

17 岁的梁思成正往南府口御沟河边织女桥西走去，按照父亲梁启超的建议，今天他要以一个求婚者的身份去林长民寓所相亲。

梁思成正就读于清华学堂，在一派自由主义风气中已经成长为新式青年。他虽然个子不高，身材偏瘦，走起路来却十分精神，另有一番风度。

一路上，这位梁家长子的心情极为忐忑。这样的会面将影响并决定日后的人生。他一面走，一面担着心，生怕要见的这位林长民之女林徽因会是一个梳着油光光大辫子、穿着拖地长绸裙、娇滴滴的民国旧式大小姐。

1　林徽因：《深夜里听到乐声》，《新月诗选》1931 年 9 月。

但是，如果能预知两年后会有一个叫徐志摩的先锋诗人将无意闯入搅动他们的感情之河，此时的梁思成又是不是该庆幸这抢先一步的会面，感激双方父亲的棋先一着呢？

在林长民的安排下，梁思成与林徽因在林家书房里初次相识。年仅 14 岁的林徽因还在培华女子中学读书，优裕的生活和良好的教养使她格外文雅出众。梁思成看到她是一个"梳着两条垂肩发辫、上身穿着浅色中式短衫、深色裙仅及膝下的小姑娘"。[1]

林徽因看上去有些纤弱，却独有一份灵秀之气和神采。她略显青涩，眼神却毫不躲闪矫作。她双眸明亮，话语干脆，落落大方，笑起来有两个深深的酒窝。梁思成立刻被吸引住了，"特别令他心动的是，这小姑娘起身告辞时轻快地将裙子一甩便翩然转身而去的那种飘洒"。

这一见，是惊鸿一瞥锁定的乱世情缘。他们的爱情和命运，注定了不是小时代的小情小爱。属于他们的情笃纷乱的生命之光很快将闪耀在大时代慌乱沸腾的变迁中，随着家国命运起伏不定。

因为，大时代来了。

1. 相向而行的巨影

梁启超（号任公）是著名的戊戌维新运动的领导人之

1　梁再冰：《我的妈妈林徽因》，见胡木清、黄淑质编：《梁思成林徽因影像与手稿珍集》，上海辞书出版社 2014 年版，第 175 页。

一。1895 年，梁启超与老师康有为发动组织"公车上书"，一时名动朝野；1898 年夏天，梁启超与康有为提出"戊戌变法"以图拯救中国。后，维新运动因保守派政变而失败。时年 25 岁的梁启超流亡到了日本。

流亡期间的他依旧满腔热血，以其掷地有声的著作成为影响了一代人的精神领袖。郭沫若在《自传》中写道："梁任公的地位，在当时确实不失为一个革命家的代表。"那时候的青少年"可以说没有一个没受过他的思想或文字的洗礼的。他是资产阶级革命时代的有力的代言者"。[1]

林长民（字宗孟）是民初立宪派名人、清末新文化运动的先驱之一，曾参与草拟《中华民国临时约法》。于 1906 年留学日本，在早稻田大学主修政治、法律。1910 年学成回国后，与同学刘崇佑在家乡福建创办了福州私立法政学堂，担任校长。

1911 年武昌起义爆发后，他奔走于上海、南京、北京等地宣传革命。

南京临时政府成立后，他就任临时政府参议院秘书长，发起组织"共和建设讨论会"，拥戴流亡日本的梁启超为领袖，并促其回国。

两位相向而行的父辈巨擘终于相遇。

自此，梁启超与林长民在历史舞台上数度共同进退，

1　吴荔明：《梁启超和他的儿女们》，北京大学出版社 2013 年 6 月第 2 版，第 4 页。

成为"挚友"。

1913年他们将"统一党""共和党""民主党"合并为"进步党"，成为唯一具备可与"国民党"抗衡实力的大党派。

他们共同反对张勋复辟；共同拥戴袁世凯成为大总统，又一起"反袁"；他们在段祺瑞内阁成为"研究系栋梁"，林长民任司法总长，梁启超任财政总长。

林长民与梁启超真正引爆划时代的事件却是声震国际的"五四运动"。

　　当时林长民已受聘为徐世昌总统的顾问，就联合梁启超向徐世昌建议，在总统府内另设外交委员会，作为参议外交的机构。徐接受建议，任命外交元老汪大燮为委员长，以孙宝琦、熊希龄、陆宗舆、李盛铎、林长民、王宠惠等为委员，林长民兼任事务长。当时日本串通英美法各国，强要继承德国在山东的权益。林长民以巴黎和会事关国运，又建议徐世昌请梁启超赴欧（1918年12月），以梁启超的地位与名望，联络各国领导人为中国游说。徐也采纳这建议。梁在启程前和外交委员会各委员讨论中国在和会上的提案，坚决要求收回德国在山东的权益。提案经徐世昌同意后，由国务院致电在巴黎的中国使团。不意提案内容竟被日本探知，经过日方暗中活动以及曹汝霖等亲日派的反对，将提案内容改为"希望条件"。

陆征祥奉电令准备在合约上签字。事有凑巧，（1919年）5月2日这一更改内容的电报，由国务院电报处拍发时，被该处一位福建籍的工作人员将电报内容潜告同乡林长民。5月3日凌晨，汪大燮、林长民愤而辞职。与此同时，林长民一面密电在巴黎的梁启超，嘱他通告巴黎留学生起来反对签约，一面又通知国民外交协会发电拒签合约（梁启超、汪大燮、林长民、蔡元培等均为该会理事），汪大燮等听说北大学生要有游行举动，乃于傍晚驱车亲至东堂子胡同蔡宅，将紧急局势告知了蔡元培校长，蔡即电北大学生代表于当晚9时来蔡宅开会，将原定于5月7日的游行提前三天于5月4日举行。[1]

林长民连夜撰写短文，发出疾呼："胶州亡矣！山东亡矣！国不国矣！"又厉声号召："国亡无日，愿合我四万万众誓死图之！"

正是这振聋发聩的呼喊，激起千层声浪，点燃了全国同胞的爱国烈火。这篇短文成为四万万国民爱国热情迸发的导火线、成为中华大地燎原之火的引信火星，如浓墨暗夜里划开的第一道光亮，以熊熊之势引发了"五四运动"，就势打开了中国新民主主义的大门。

1　胡木清、黄淑质主编：《梁思成林徽因影像与手稿珍集》，上海辞书出版社2014年版，第174页。

五四运动不仅影响了日后的中国局势走向，还直接影响了中国共产党的诞生和发展。

梁启超是梁思成的父亲，林长民是林徽因的父亲。梁启超和林长民在革命途中结下了深厚的友谊。他们历经种种大事件，以事察人，以此更加认可对方的人格与品行，这种坚厚的友谊促使他们愿意各自将培养出的优秀儿女，交到彼此手中，决定将友谊以下一代结亲的形式得以延续。

大约正是在这段时间，两位父亲正式确立了"结成亲家"的意愿。

2. 新会梁家

梁启超（1873—1929）"八岁学为文，九岁能缀千言"，12岁中秀才，有神童之称。17岁就中了举人。他的文章立意新颖畅达，被清朝礼部尚书李端棻相中。李端棻做主将堂妹李蕙仙许配梁启超为妻。梁启超当时19岁，风华正茂，仪表堂堂。婚礼由李端棻亲手操办，在北京李家举行。李端棻是北京大学创始人之一，最早提出创办"京师大学"。与梁启超相差40岁的李端棻自此成为梁启超的终生铁粉。戊戌变法失败后被发配回贵州的李端棻已经是一位年迈多病的老人，回到家乡后，他依旧在各种讽刺及反对声中坚持宣扬维新变法的精神，直至去世。

第二年（1892），新婚夫妇返回家乡。李蕙仙随梁启超回到老家广东新会县茶坑村。1893 年他们的长女梁思顺在这里出生。李蕙仙出身名门，生活优裕，以千金之躯嫁到南方寒素之家，却不娇气不嫌怨。她努力适应南方潮湿炎热的气候，尽力操持家务，上敬公婆，下育女儿，很得公公婆婆的欢心。

1898 年戊戌变法失败，梁启超只身逃亡日本。李蕙仙带着女儿思顺与梁父等亲属避居澳门。

1899 年李蕙仙带着女儿与梁启超在日本团聚。不久，她生下了第一个男孩，可惜不久便夭折了。

为了承继香火，李蕙仙特地回贵州老家，挑了一个聪明伶俐又手脚勤快的丫头。这个丫头名叫王桂荃，后来成了梁启超的第二位夫人。王桂荃身世悲惨，4 岁时父亲猝死，之后一直被继母虐待，到 10 岁时已被人转卖了四次做丫头。她没有大名，桂荃这个名字还是梁启超给起的。

梁思成是大夫人李蕙仙于 1901 年 4 月 20 日在东京所生。梁家的孩子们称李夫人为"妈"，称王夫人为"娘"。

王夫人到日本后很快学会了一口流利的东京话。她来到这个家庭时还是个文盲，等到第一个孩子开始上学，她也跟着一起学习。王夫人贤惠豁达、聪慧伶俐，接触日本文明社会后，开阔了眼界，家里对外联系的事情，都由她来负责。她不仅把一大家子打理得井井有条，还学会了游泳、溜冰、滚铁圈、编织、钩毛线、打桥牌、打麻将，甚至学会了针灸。

这位王夫人还很幽默。他们的子女各自在所属的行业里成为开创者或领军人物。其中梁思成学建筑，梁思永学考古，梁思忠学军事。她曾经非常风趣又幽默地对别人说："我这几个儿子真有趣，思成盖房子，思忠炸房子，房子垮了埋在地里，思永又去挖房子。"[1]

李夫人育有梁思顺（1893—1966），长女，文史学家；梁思成（1901—1972），长子，著名建筑学家，1948年获选为第一届中央研究院院士；梁思庄（1908—1986），次女，著名图书馆学家。

王夫人共生育子女八人，后来长大成人的有梁思永（1904—1954），次子，著名考古学家，1948年与哥哥梁思成同时获选为第一届中央研究院院士；梁思忠（1907—1932），三子，毕业于美国西点军校，英年早逝；梁思达（1912—2001），四子，经济学研究者；梁思懿（1914—1988），三女，社会活动家；梁思宁（1916—2006），四女，新四军女战士；梁思礼（1924—2016），五子，火箭控制系统专家，1993年当选为中国科学院院士。梁启超的子女们各有成就，可谓"满门俊秀"。

梁启超本人自诩为"趣味主义信仰者"，始终坚持以有趣、喜欢作为根底。在子女教育中一片春风化雨，他不仅是孩子们的慈父，也是孩子们的朋友。他总是设身处地

1　吴荔明：《梁启超和他的儿女们》，北京大学出版社2013年6月第2版，第28页。

以他们的兴趣需求为出发点加以引导，"非常细致地掌握每个孩子的特点，因材施教，对孩子们的前途都有周到的考虑和安排，但又不强求他们一定按自己的意图去办，而是反复地征求孩子们的意见直到他们满意为止"。[1]日后这个家庭中的成员得以在各种领域中成绩斐然，与梁启超的教育方式密不可分。

梁启超酷爱读书，也酷爱打牌，他的名言是"只有读书可以忘记打麻将，只有打麻将可以忘记读书"。他不仅是一位政治家，更是勤奋的思想家和学问家，平均每天能写五千字，下笔成章，不必修改。

梁启超很注重孩子们健全人格的培养。他的家庭气氛无拘无束，宽松而热闹。

梁启超爱喝酒。每天晚饭后他都会跟夫人一起慢慢小酌几杯。吃好饭的孩子可以随意离开，也可以留下来听他绘声绘色地讲他最近正写的书、正在研究的历史人物，等等。此外，他还不忘将幼年时祖父教给他的家乡民族英雄故事讲给孩子们听。如南宋忠臣陆秀夫对宋忠义，保护幼主奋战元军，最后被元军逼迫逃到广东，走投无路，就在梁启超的家乡新会县沿海的悬崖上，背着幼主一起投海就义的故事。后来新会人民为纪念这位民族英雄，在他投海的海滨崖石上刻了"崖门"二字。

这些故事深深地印在梁思成的心底。深挚的家国情怀就此埋下胚芽，影响、伴随了他的一生。

梁思成记忆中的童年充满幸福与快乐。在东京时，一位华侨将神户郊外须磨海滨的一幢别墅"怡和山庄"借给他们住。因为这里依山傍海，可以听到大海日夜涌动的海涛声和一片松树林被风吹送的松涛声，所以梁启超把这里改名叫"双涛园"。

春天，樱花林美极了，小脚的李蕙仙带着孩子们爬到小山上去看樱花，远远看去樱花林是一片片白色的、深粉色的、浅粉色的樱花云，那份安安静静的美，很飘逸。双涛园的后山有一大片松树，这里四季长着松蘑，他们也像当地人一样带着小炉子和酱油等佐料，在林子里烤松蘑吃，松蘑的鲜香味儿伴着海风的腥咸，成了记忆里抹不去的童年味道。

有段时间康有为来这里一起住。这位倔强的老人经常跟梁启超大声辩论，有时候两个人吵得很激烈。已经进入老年的康有为与正值壮年的梁启超，在思想上已经开始出现分歧。梁启超尊重他，又无法说服他。康有为吹胡子瞪眼的时候，孩子们害怕他，又讨厌他总是大声冲父亲嚷嚷。孩子们这时已经跟着一位退休海军军官学会了潜泳。于是，一群小孩子偷偷潜到水下，伸出小手想要揪下康有为自以为是的胡须。

那段时光刚好是梁思成的童年长度。在日本长大的梁思成，常常感受到弱势民族被歧视的羞辱感，这使他在性格养成中比别人具备了更坚实的民族尊严感。

1912年梁启超结束了14年的流亡生活，独自率先回国。1913年孩子们在李蕙仙的带领下，一起回到北平。

3. 闽县林家

福建闽侯林氏是当地的名门望族，闽县即现在的福建省福州市。不过，到林徽因的祖父林孝恂这一支已经沦为布衣。林孝恂年轻时是一个教书先生，后来考中前清光绪十五年（1889）进士，与康有为同科，授翰林院编修。

林孝恂曾在杭州地区的金华、孝丰、仁和、石门、海宁等地任父母官，最后升做代理的杭州知府。

林孝恂为人开明，不仅自己学习技艺，又谙熟医术，十分注重务实；对子女及家眷的教育也是不拘世俗不囿陈规。他的夫人游氏喜好典籍，工于书法。女儿们也像儿子一样启蒙学习。林徽因的幼年启蒙即来自祖母及大姑母。

林孝恂开办家塾，除自家儿女外，老家福建的侄儿们也可以一同受学。这其中就有以《与妻书》为世人熟知的林觉民、与林觉民同列为黄花岗七十二烈士的林尹民、前仆后继组织起义光复福建的林肇民。

值得一提的是，民国时期中国著名军事学家蒋百里与广东李浴日、云南杨杰同为中国军事学巨擘，驰名海内外。

根据史料记载：1901年，方县令、林知府、陈监院（陈仲恕）三人共同出资，送蒋百里东渡日本留学。这里提到的林知府就是林徽因的祖父林孝恂。陈监院则是梁思成林徽因终生挚友陈植的祖父。

蒋百里作为一代风云人物，在近代史上留有一抹浓彩。他正是在林孝恂资助的留日生涯中结识了梁启超，并对其执弟子礼，终身追随梁启超。1919年"五四运动"爆发时，蒋百里正与梁启超等一起去欧洲考察。次年春回国，正值国内提倡新文化，一时如风起云涌。梁启超深感于欧洲的文艺复兴，决心放弃政治生涯，全力从事新文化运动，蒋百里积极参与，成了梁氏最得力的助手，号称"智囊"。他不仅出主意，更著书立说，成为新文化运动的战将。1923年还同胡适、徐志摩组织新月社。而日后林徽因的文学生涯也恰恰起步于新月社。

辛亥以后许多前清官吏纷纷回老家置田养老。林孝恂却逆流而上，来到新开埠的上海，投股商务印书馆。

林长民是林孝恂的长子，从小天资聪慧，是民国初年闻名士林的书生逸士，又是倡言宪政、推进民主政治的著名政客。

林长民相貌俊逸，他"躯干短小，而英发之慨呈于眉宇。貌癯而气腴，美髯飘动，益形其精神之健旺，言语则简括有力"。（徐一士：《谈林长民》）

谈他的口才，诗人徐志摩形容他："摇曳多姿的吐属，蓓蕾似的满缀着警句与谐趣，在此时回忆，只如天海远处的点点航影"（徐志摩：《伤双栝老人》）。

谈他的智慧，章士钊钦佩地赞叹道："长处在善于了解，万物万事，一落此君之眼，无不焕然。总而言之，人生之秘，吾阅人多矣，惟宗孟参得最透。"（《甲寅周刊》）

说到人品，"还是总理周恩来公允，说北洋政府里有好人，指的正是林长民"。[1]

林长民艺术禀赋过人，长安街上"新华门"匾额，就是他晚年的墨迹。

由父及女，林徽因被胡适誉为"一代才女"，从中可窥得一番才学与灵光的承继线脉。

林长民的原配夫人是福建老家门当户对的叶氏，两人是指腹为婚的旧式婚姻，婚后缺少感情，叶氏早早病逝，没有留下儿女。

林徽因的生母何雪媛是林长民的继室。这位地位相当于原配的夫人，是浙江嘉兴的小作坊户出身。何雪媛家境富裕，排行最小，从小娇生惯养，不识字，又不善女红，脾气也有些坏，所以既讨不得能文善书的婆婆游氏的欢心，又与多情细腻的林长民毫无共同语言，更谈不上什么精神交流。

1904 年 6 月 10 日，林家第一个女孩降临，祖父林孝

1　陈学勇：《莲灯诗梦·林徽因》，人民文学出版社 2012 年 4 月北京第 2 版，第 11 页。

恂欣喜地从《诗经》取"徽音"两字为她命名（后改名徽因）。诗曰："思齐大任，文王之母，思媚周姜，京室之妇。大姒嗣徽音，则百斯男。"日后，林徽因以其光芒四射的才情和热烈勃发的情怀，也的确没有辜负这个名字。林徽因出生后不久，祖母就把她放在身边亲自教养。祖父母舍不得女儿远嫁，姑姑们在婚后依旧住在娘家。大姑母林泽民不仅给了她温柔亲密的爱，还是她读书识字的启蒙老师。

何雪媛生下林徽因后，又生下一男一女，但接连夭折。

一直到十年后，林长民才续娶上海女子程桂林，林徽因称呼她二娘。这位二娘虽然也没什么文化，却生性温顺、乖巧体贴。林长民从此专宠程桂林，为了彰示宣布这份宠爱，还自号"桂林一枝室主人"。

受宠与失宠的落差如此之大，又毫不遮掩，深深地刺激到了何雪媛本不宽阔的内心世界。从此，母亲变得越来越刻薄蛮横，脾气越来越坏，这或多或少影响了林徽因的性格。

林长民常年奔走于政坛，在家的日子不太多。两房之间不融洽，使他的子女们没有像梁启超家一样其乐融融。何雪媛在林徽因一生中扮演的角色，实际上伤害多于爱护。对于林徽因而言，生命没有十全十美。她是天生的艺术家、卓有成就的建筑师、自成风格的独立诗人。她的一生不长，留下的学术传奇与情感传奇直到今天依旧热度不减。追溯她那强烈的以自我为中心的性格，大概在布满伤害的幼年时光已经开始。被冷落的小女孩只能通过极力表现自己过人的聪慧来挽救父亲对这个院落的关注与感情，尽管这实际上只是徒劳的努力。

4. 还是 1918 年

"我们是罪人，都被判了死刑，但缓刑的期限不明确。我们都有一个期限，过了这个期限，世界不再记得我们。有些人在倦怠，有些人在热情中度过这一期限，而最聪明的人，则是在艺术和歌声中度过一生……"[1]

1918 年，清华学堂 17 岁的梁思成从南长街出发横穿过大半个北平对林徽因一见倾心。

这一年，徐志摩离开北大，从上海启程奔赴美国。满怀壮志、雄心勃勃的他，目前想的是实业救国，他遵从父亲的意愿打算学习银行学，为日后投身徐氏家族的金融事业做准备。身在海外的学子，在不断接受新思想的同时，调整了自己的学业方向，他后来转入纽约的哥伦比亚大学研究院，学习经济学并因此获得了广泛的哲学思想和政治学的种种知识。跟他同在哥伦比亚大学的是与林徽因、梁思成相守了一辈子的著名哲学家、逻辑学家金岳霖。金岳霖初来美国学的是商业，后来转为政治学。社会活动家、政治学家张奚若初到美国哥伦比亚大学学习，本来打算念

1　《徐志摩全集》，武汉出版社 2010 年版。

土木工程，结果对数学兴趣不浓，便攻读政治学。

金岳霖、张奚若、徐志摩、胡适在异国他乡以校友、同窗的身份自此缔结情谊。

新文化运动的领袖之一胡适此时已经从该校毕业，被聘为北京大学教授。这年，对梁启超仰慕已久的胡适经由银行家徐新六的介绍与梁启超正式结识，并由此展开了十余年相互影响、相互砥砺的交往。

梁思成、林徽因最重要的朋友之一沈从文也是这年自家乡小学毕业后，随当地土著部队流徙于湘、川、黔边境与沅水流域一带，正为日后举世瞩目的小说创造进行着无意间的生活积累。

这一群体，是新一代中国自由主义知识分子的代表人物。

日后，徐志摩、金岳霖作为林徽因的爱慕者、追求者被小报演绎出了多个版本。而张奚若、胡适、沈从文等作为林徽因一生的挚友将在他们夫妇生活中不时出现。

梁启超18岁时才第一次见到世界地图，在此之前，他不知道中国之外的世界，不知道世界上有五大洲。然而就是这个年轻人，以非凡的活力，挥手为帜，纵声长啸，成为万马齐喑年代的异数，以敢为古老帝国革故鼎新的先锋之勇，引领一代风骚。

梁启超积极参与、鼓动"诗界革命"和"小说革命"，并将之与他的政治改良相辅相成，这种带有"策士文学"

风格的"新文体"，文白夹杂"笔锋常带情感"。胡适在《四十自述》里说："梁启超的《新民说》诸篇给我开辟了一个新世界，使我彻底相信中国之外还有很高等的民族，很高等的文化；《中国学术思想变迁之大势》也给我开辟了一个新世界，使我知道'四书''五经'之外的中国还有学术思想。"

这是一个承上启下的转折巨弯处，这是注定属于开创拔萃的时代。

1918 年，国内和海外的生活在不动声色中分别铺就，分明有一条看不见的命运之手在将他们的生命之潮推向共同的理想之岸。从这时起，个人命运的齿轮已经咬合进时代大机器的轰鸣中以昂扬的姿势缓缓起航……

第二章　沉在水底记忆的倒影 [1]

　　1920 年，英国伦敦的雨格外绵长。落雨缠绵，一日复一日。16 岁的林徽因透过宽大的窗子张望着阴灰的天，天和地之间织着淅淅沥沥的雨帘。雨天使人忧郁。连日不断的雨，像雾气一样浮在她的心上，这层看不见的雾，笼着她，使她孤单、气闷。孤单到产生被遗弃的感觉，气闷到不能静下心来翻书。

　　楼下厨房里飘来炸牛腰子的味道，过一会儿是炸咸肉的味道。厨房的味道是烟火气，是一团幸福的人群生息，但——那是楼下。到了晚上，林徽因一个人在大饭厅里独自坐着，椅子是柔滑的绒面包的，椅背又高又挺，徽因坐在椅子上，两只脚悬空着。夜晚，屋里屋外一片沉寂。

　　房子太大，太空阔，灯又暗沉。屋子里的少女孤单到不能不哭。

　　哪怕，这时候有一个人叩下门，走进来同她随便谈谈话，说什么都好；或者在楼上的火炉边讲讲故事，讲什么都好；当然最好，如果有一个浪漫又聪明的人能在这个时候走进来，以她期望的方式热烈地爱她，让她实现幻想中

　　1　林徽因：《记忆》，《大公报·文艺副刊》1936 年 3 月 22 日。

的少女梦!

可是,没有。父亲也还不能立刻回来。父亲林长民此时正忙着在瑞士国联开会。尽管他不时有书信来,告诉徽因他每天的经历,见到的人事,即时的所思所想。尽管父女俩互相引为知己,林长民感叹:"做一个有天才的女儿的父亲,不是容易享的福,你得放下你天伦的辈分,先求做到友谊的了解。"

可是,父亲将女儿单独留在伦敦。女儿正经历着"心酸的经验",那些属于父亲的漂亮、热闹的演讲,不管多风趣,都是林徽因成长记忆里的小小苦痛的缺角。

充满梦想的少女已经读了很多浪漫的诗歌、小说、戏剧,她在憧憬中认为:"最愉快的事都是一闪亮的在一段较短的时间内迸出神奇的,以同另一个人互相以彼此存在为极端幸福,如花香那样不知其所以。"[1]

"此外年龄还有尺寸,一样是愁,却跃跃似喜,十六岁时的,微风凌乱,不颓废,不空虚,颠着理想的脚充满希望。"被孤单噬咬的少女,在一派天真烂漫的想象中渴望着把自己彻底交出去,让一切在无声中忍受,默默地等待着上天的安排。

伦敦啊伦敦,你将带来什么?

1　林徽因致沈从文信,1936 年 2 月 27 日。

1. 第一次出国

1920年3月5日，梁启超已经结束为期一年多的欧洲考察回国。3月21日在林长民家中，胡适第一次见到梁启超，仰慕已久，一见投缘。其时，胡适已经与林长民相当熟识，在他的《四十自述》里，他称林长民为"我的老辈朋友"，最惋惜的就是这位老辈朋友没有听他的劝告及时留下自传。

"五四运动"产生的震荡当局迁怒于林长民，总统徐世昌爱才心切，决定由政府出资，派林长民以"国际联盟中国协会"成员的名义，去往第一次世界大战刚刚结束的欧洲进行考察。这是林长民最长的一次也是最后一次出国。对于林徽因来说，却是她的第一次出国，这次出国意义非凡，不仅影响了她的职业选择，也使她与徐志摩相逢于康桥。

3月27日，林长民携林徽因离京赴欧洲启程南下，胡适与张慰慈等往车站殷殷相送。4月1日从上海登上法国Pauliecat邮船，张元济、高梦旦、李拔可等送往码头。

从小在深宅大院长大的闺秀第一次出门看到外面的世界。这次旅行张开了她的眼睛，也拓宽了她的视野，增长了她的见识，开阔了她的胸怀。正像林长民期望的那样，跟随父亲，领略他的胸次怀抱，离开家庭琐碎事务，培养自己改良社会的见解和能力。

船到地中海时，5月4日那天同船赴法国勤工俭学的百余名学生举行"五四运动纪念会"，林长民和王光祈发表演讲。林长民说："吾人赴外国，复宜切实考察。若预料中国将来必害与欧洲同样之病，与其毒深然后暴发，不如种痘，促其早日发现，以便医治。鄙人亦愿前往欧洲，以从诸君之后，改造中国。"（见《时事新报》6月14日刊载的通讯《赴法船中之五四纪念会》）

目击时艰，这番话正是梁启超、林长民等先后到欧洲考察所怀的济世抱负之初衷，通过观察战胜国与战败国之间的关系，战争对相关国家的政治、经济、社会影响，从而进一步思考中国本国政治与外交政策。

这次演讲被船上一个叫陈毅的留学生深深地记在了脑海。

林徽因记得的，是无边无际的海，仿佛永远没有尽头。穿过红海时，无遮无拦的阳光酷热如炙。

1920年8月7日他们从伦敦寓所阿门27号出发，横渡海峡后进入法国，在巴黎停留了几天，办理进入瑞士和德国的手续。接着乘火车抵达里昂，又从里昂出发经过法国东北山区进入瑞士。

在日内瓦，他们被莱蒙湖的湖光山色迷住了。租了一辆马车绕着湖缓缓而行。晚饭后打算租船横渡到对岸，由于徽因害怕涉水而放弃了。

在游历中，林长民很注意各国的政治法律制度、财政经济状态、交通运输、人民的精神面貌等。当他们进入德国，看到德国井然有序，不像是战败国，林长民断言："（德国国民）一时虽受挫，十年二十年后必将复兴。"

才情斐然的父亲还在日记中以细腻的体悟、优美的笔触写道："峰峦连接车逶迤而上，若长蛇曲径盘旋而前，时在山阳，时在山阴，时在洞底，时在木末，穿穴入洞长者经四五分钟。……对谷之巅，两峰相望人小如豆，崖下白云似海，正凝眺间徽已绕至吾后，忽闻语声，籁动云破。"

瑞士的湖光山色、比利时的钻石展览和动物园、法国的灿烂文化、德国的战后重建，四国之行使林徽因打开了远眺世界的视野。置身于优美的自然环境与风格迥异的城市文化、目睹残酷的战争将人民陷于悲苦的境遇之中，她在重新培养调整着中西方交汇的独特审美意趣，也在形成自身的政治判断与观点。

1920年9月15日父女二人回到伦敦，结束了为期一个多月的欧洲大陆四国之行。

回到英国，生活步入正轨。林徽因考入伦敦的圣玛丽（女子）学院入学。校长是位70来岁诚恳、热爱健行的孀妇。学校离他们住的地方大约二里地多点，坐巴士到海德公园，步行穿过公园就是学校。

林长民为林徽因请了菲利普母女作为英语家庭教师，这对母女与林徽因相处得极其融洽。林徽因本身在国内受过的英语教育此刻又在英国环境中进一步得到提升。她开始大量阅读英国文学作品，将文学鉴赏水平涉及更深的层次。丁尼生、霍普金森、勃朗宁的诗和萧伯纳的剧本，影响到了林徽因的文学趣味，不仅培养了她热情浪漫的性格，对于发掘她的文学潜能也起到了启迪作用。

林徽因与英文家庭教师菲利普的友谊使她更深地进入到英国民间，喝下午茶，吃可可糖，使她养成了一种"新式习惯"。这种生活方式日后成为名动京华的"太太的客厅"的由来，也使林徽因与梁思成成了某一个圈层的中心。这个中心以林徽因的个人魅力为凝聚点辐射到了一群清华、北大在政治、经济、文史等领域成就斐然的教授。

林长民的个人影响力使他交游广泛。女儿在异国他乡自然地担当起了主妇的角色。林长民的访客大多鼎鼎有名。著名史学家 D.C. 威尔斯、大小说家 T. 哈代、美女作家 K. 曼斯菲尔德、新派文学理论家 E.M. 福斯特都是西方文坛顶级名流。旅居欧洲的张君劢、聂云台、吴经熊、陈西滢、张奚若、金岳霖……归国后无一不领风骚于各自领域。

谁也不曾预料到，林长民带林徽因出国本为避国内政治风头，却因此引来另一场轩然大波。这是纯属"偶然"还是人生中不可解的"关键时刻"？

对于"偶然"，林长民说："人生踪迹，或一过不再来，或无端而数至，尽数偶然，思之亦良有意味。"

徐志摩亦以泠泠之笔写下《偶然》

我是天空里的一片云，

偶尔投影在你的波心——

你不必讶异，

更无须欢喜——

在转瞬间消灭了踪影。

你我相逢在黑夜的海上，

你有你的，我有我的，方向；

你记得也好，

最好你忘掉，

在这交会时互放的光亮！

2. 徐志摩

"国难方兴，忧心如捣，室如县磬，野无青草"，"方今沧海横流之际，固非一二人之力可以排枿而砥柱，必也集同志，严誓约，明气节，革弊俗，积之深，而后发之大，众志成城，而后可有为于天下。"

"摩少鄙，不知世界之大，感社会之恶流，几何不丧其所操，而入醉生梦死之途，此其自为悲怜不暇，故益自奋勉，将悃悃愊愊，致其忠诚，以践今日之言。"

22岁的徐志摩意气风发，凛然挥毫。1918年8月31日他在船舱中朗诵这篇《启行赴美分致亲友文》，立志要做中国的"汉密尔顿"〔亚历山大·汉密尔顿（Alexander

Hamilton），1757—1804］，美国开国元勋和宪法起草人之一，曾做过美国首任财政部部长）。

徐志摩乘"南京号"轮于8月14日启程，从上海浦江码头启程自费赴美留学。与他同行的有汪精卫、朱家骅、李济之、张歆海、查良钊、董任坚、刘叔和等。

刘叔和是徐志摩的表兄。"船过必司该海湾的那天，天时骤然起了变化：岩片似的黑云一层层累叠在船的头顶，不漏一丝天光，海也整个翻了，这里一座高山，那边一个深谷，上腾的浪尖与下垂的云爪相互的纠拿着；风是从船的侧面来的，夹着似铁梗粗的暴雨，船身左右侧的倾欹着。这时候我与叔和在水发的甲板上往来地走——哪里是走，简直是滚，多强烈的震动！霎时间雷电也来了，铁青的云板里飞舞着万道金蛇，涛响与雷声震成了一片喧阗，大西洋险恶的威严在这风暴中尽情地披露了，'人生'，我当时指给叔和说，'有时还不止这凶险，我们有胆量进去吗？'"[1]

人生，有时还不止这凶险，我们有胆量进去吗？还没有成为诗人的徐志摩慷慨激昂、壮志满怀。

父亲徐申如期望他紧握一支"铁笔"子承父业，为日后进入金融界打下基础。已于1918年6月拜师梁启超的徐志摩听从老师的建议到美国自费留学，彼时深受实业家

1　徐志摩：《吊刘叔和》，顾永棣编：《徐志摩全集·散文卷》，浙江人民出版社2015年版，第198页。

庭的影响，希望自己走实业救国的道路成为兼通经济的政治家。

徐志摩出生在浙江省海宁县硖石镇的富商家庭。父亲徐申如经营多种产业：有一座发电厂、一个梅酱厂、一间丝绸庄，在上海还有一家小钱庄，被当地人称为"硖石巨子"，又是硖石商会会长。

徐志摩 4 岁起开始跟着一位私聘名师学古文，从那时候就展现出非凡的天赋。他 11 岁进入一所教授西洋学科的新式中学就读，被同学称为"神童"。他的成绩总是优等，早年极爱数学和天文。同窗郁达夫回忆他平常那么不用功考起来却总是分数最多的一个。

出生于 1897 年的徐志摩在一个极传统的家庭里早早被定下亲事。许配给徐志摩的是上海宝山县巨富张祖泽之女张幼仪。

在硖石，蒋、徐两姓是镇上的两大家族。蒋百里（前文提到林徽因祖父资助的留日学生）是梁启超的弟子，所往来的如张君劢、张公权都与梁启超有师友关系。

张君劢是张幼仪的二哥，是国家社会党创办人；张公权是张幼仪的四哥，著名金融家，被称为"中国现代银行之父"。

张公权在担任浙江都督秘书的时候，有一部分公务是视察当地学校。他到杭州府中学学堂视察时，对其中一个学生的作文印象极为深刻。这位年轻的作者不仅将梁启超的风格模仿得惟妙惟肖，书法也透露出不凡的才气。当晚张公权即写信给徐父提议两家结亲。

徐申如很快回信"我徐申如有幸以张嘉璈（张公权）之妹为媳"。

父母之命，门当户对。

1915年两人成亲时，徐志摩18岁，张幼仪15岁。

1918年第一次世界大战结束，与徐家有关的是：长子徐积锴出生，徐志摩前往美国克拉克大学就读，张君劢介绍徐志摩拜会梁启超，并被梁收为弟子，之后张君劢随梁启超、蒋百里等访欧并二度留学德国。

徐志摩到美国的第一年插班进入马萨诸塞州渥斯特的克拉克大学选修经济学和政治学，第二年转到哥伦比亚大学攻读政治学。取得硕士学位后，因为不喜欢美国，他放弃了唾手可得的博士学位，买船票过大西洋转身到了英国，一心想拜罗素为师。当他于1920年10月兴冲冲地抵达伦敦时，却被告知罗素早已被剑桥除名，目前人已在前往中国的讲学途中。

陷入失落情绪的徐志摩在伦敦"正赶着闷想换路走的时候"，梁启超介绍爱徒认识了林长民，林长民爱徐志摩的才华，热情地将狄更生先生介绍给他。狄更生看出了他的烦闷，劝他到康桥去，狄更生以自身在皇家学院的影响力为徐志摩争取到了特别生资格，随意选科听课。

1920年冬张幼仪来到英国，在离康桥六英里的乡下波士顿租了几间小屋与徐志摩同住。

所有朋友都认为徐志摩是一个热诚的人，"什么人都可以做他的朋友，没有人不喜欢他"（梁实秋语）。他喜欢所有的人，"志摩与人认识十分钟就像二十年老友，从跑堂、司机、理发师……"（叶公超语）。

他对所有人都那么好，除了张幼仪。

徐志摩有一种纯真的特质，他善于发现每一个人身上的闪光点，哪怕对方是一个极平庸的人。同样地，当一个非凡聪慧的人出现在他面前时，他诗人的特质会自然放大对方的光圈，直至将那人树成心目中的神。

3. 被爱迷住

在伦敦，徐志摩去听过林长民在国际联盟协会的演讲会上发表的演讲。后来由梁启超介绍认识，两人性情相投，一见如故。对唯美、浪漫的共同追求，是两个人互相欣赏的主要因素。徐志摩爱林长民的风情雅趣，林长民喜徐志摩的灵慧聪敏。

借由林长民，徐志摩结识了对其此生都影响深远的两个人——狄更生和林徽因，一个令其执迷康桥，一个让其深陷爱情。[1]前者使康桥成为中国文学史上的重要象征和隐

1　庄莹：《悄悄是离别的笙箫》，庄莹著：《民国胭脂和她们的时代》，山东画报出版社2015年版，第79页。

喻，后者使徐志摩经历感情重挫蜕变成一个诗人。

徐志摩邀张奚若一起去拜访林长民。开门的是垂着两条小辫、处处闪动着灵秀之气的林徽因。林徽因一愣之下差点脱口而出喊他们"叔叔"。从这天起，徐志摩常邀张奚若去和林长民先生聊天。到了林家，稍事周旋后，徐志摩就不见了。几次之后，听到内间欢快的交谈声和阵阵笑声，张奚若这才恍然大悟，原来徐志摩醉翁之意不在酒，在乎林大小姐也。他张奚若只不过是一道缠住林长民的幌子。

徐志摩总是夹带着一些书来看林徽因。每一本书翻开后，他总以璀璨的句式开始介绍那些文学大家的名字，如雪莱、济慈、拜伦、蔓殊菲儿、伍尔夫。每一个人经徐志摩的口都变得流光溢彩。16岁的少女睁大了眼睛，从来没有人这样，以平等的地位、卓异的口才、字字珠玑如吐虹般向她呈现如此美丽宏大的文学世界，这个文学世界里有诗歌有戏剧，比她自己看得更深更透彻。

林徽因被这样一个神奇的世界迷住了。

徐志摩刚刚23岁，除了旧式家庭的包办婚姻，他还没有机会以西方式的开放感情去探求一位异性的精神世界。何况林徽因如其父般洋溢着神秘的艺术气质。她活泼、敏捷、聪慧，她的艺术感受力与无时不在的灵光闪烁使他深深倾倒。

他们一起陷入了一个美丽的世界。这个世界里漫溢着文学的妙音。

拜伦，他是一个美丽的恶魔，一个光荣的叛儿。

What is life，what is death，and what are we.

That when the ship sinks，We no longer may be.

生是何物，死是何物，我们又是何物。

当船沉没时，我们将不再存在。

他们一起念这些句子，一字一句，以英国戏剧的方式大声诵读。念到澎湃处，两个人常常沉浸在文学的世界中，感情起伏、内心激荡，甚至热泪盈眶。

说到托尔斯泰和罗曼·罗兰，徐志摩说，罗曼·罗兰爱慕托尔斯泰，他读着他的著作，忍不住要将自己的疑虑写信给老人。60岁的老人给这位不知名的法国少年回信，他说：“亲爱的兄弟，我接到你的第一封信，我深深地受感在心，我念你的信，泪水在我眼里。”

他们相交的逸事反映出的伟大人格，共同以单纯的信仰沉浸在文学的世界，使徐志摩和林徽因为之震动。他们互相凝视，从彼此的眼睛里看懂了这份信仰之于他们的含义。

雪莱织《云歌》时我们不知道雪莱变了云还是云变了；雪莱歌《西风》时不知道歌者是西风还是西风是歌者；颂《云雀》时不知道是诗人在九霄云端里唱着还是

百灵鸟在字句里叫着；同样的济慈咏"忧郁"（"Odeon Melancholy"）时他自己就变了忧郁本体，"忽然从天上掉下来像一朵哭泣的云"；他赞美"秋"（"To Autumn"）时他自己就是在树叶底下挂着的叶子中心那颗渐渐发胀的核仁儿，或是在稻田里静偃着玫瑰色的秋阳！

徐志摩觉得自己跨在了想象的巅峰，以天赋的直觉将大师们一一剖析。林徽因在他的引导下涌起甜美的惆怅、闪光的希冀。有时候在激情四射的陈述后他突然陷入沉默，在这片幽静的沉默里回味竟变得悠长又欢畅，这种体会似乎高于了他们讨论的作品和人。

忽然，他们感到同时携手跨上了更高的文学境地。

那些时日单纯、美好、干净。在文学世界里他们将自己涤荡得更加透彻了。徐志摩为这份感悟激动得热泪盈眶，这样的经验可遇不可求，如同他挚爱的短篇小说家蔓殊菲儿，只追求纯粹的文学，真的艺术，不求流行博得大众的欢迎，只想留下几小块"时灰"掩不暗的真晶，只要少数人的赏识。这，才是可贵的。

林徽因不仅优雅而且性格明快，对徐志摩来说，犹如难能可贵的稀世珍宝。她的星眸不停地闪动着灵光，每一个优美或颓废或充满摧毁力量的句子，她都能在瞬间感知并做出恰当的品评和反应。有时候她那俏皮或犀利的评点让徐志摩为之惊讶。她的艺术天赋高得超出了他的预想。与他冷冰冰沉默无言的发妻相比较，林徽因带给了他全新的异性体验。认识林徽因使他悸动莫名，他忍不住在旷野里激动地高呼这才是两颗灵魂的相知侵浸！在林徽因面前他忽然觉得自己变成了一个完整的人，林徽因的懂得填补了他内心长久以来的缺憾，他为这种天赐的圆满激情满怀，情不自禁地称她为女神。

两个年轻人在交往中产生了越来越深的情感。对徐志摩毫无疑问这是爱情，一份狂爱。

是的，她也爱他，但这份爱，更像一份浪漫。她爱他向她所描述出来的那个神秘的文学世界，带着她、引领她进入那片广袤的天地；她也爱他率性、真实。他常能走几里路去采几茎花，费许多周折去看一个朋友说两句话，他站在大雨中等彩虹，坐曲折的火车到乡间拜访哈代，他关心石上的苔痕，关心败草里的花鲜，关心水流的缓急，关心水草的滋长，关心天上的云霞，关心新来的鸟语。他总是以纯的艺术情感来脱离寻常的原则。他的世界真实、自由、唯美、浪漫……这是林徽因生命特质中一部分想要拥有的。可是，他已婚了。已婚的身份还能以什么姿态来谈起爱情？

当她冷静下来，那些最初的慌乱已经逝去，狂热开始冷却，光彩流丽的幻想逐渐消退。林徽因陷入了深深的疑惑，疑惑促使她冷静下来。

4. 中国第一桩现代离婚案

一所四面围墙的老宅子是几十口人组成的复杂家庭，前院热闹，后院冷清。后院的孩子倍感冷落，她时常一个人在院子里游荡，有时候绕着假山看水池，要么去看花匠侍弄花草，或者在菜圃旁边看那些叶片上的晨露，夏天的时候一个人孤单单站在门洞里吹穿堂风，一个人看院子里大柚子树的树荫在风中来回摇晃。

有时候后院的孩子忍不住要跑到前院去寻那一群弟弟妹妹玩耍。在酣畅的玩耍后，母亲必等在后院截住她骂一些难听的话。

后院的小女孩子瘦弱、怯懦，在母亲面前，仿佛她的快乐带着罪罚，她的生命也带着原罪。她学不会与刻薄的母亲相处。对比前院受父亲宠爱的姨太太，母亲的境遇实在悲惨了些，她想同情她，可是没有合适的方式和语言。她唯有咬牙希望凭自己的聪慧让父亲满意，让父亲在寡淡的恩情中会由于争气的女儿对后院被遗忘的女人投来一瞥温暖的目光。

小小年纪这么懂事，未必是一件好事。这个孩子因着过早的懂事早熟起来，白白失去了童年的欢乐。

她爱父亲，却恨他对自己母亲的无情；她爱自己的母亲，却又恨她不争气；她以长姊真挚的感情，爱着几个异母的弟妹，然而，那个半封建家庭中扭曲了的人际关系却在精神上深深地伤害过她。

这个后院的孩子长大了，长成光彩夺目的林徽因。可是，母亲的遭遇还在眼前，母亲因强烈的嫉妒感和挫折感而迁怒于她的责骂声还在耳边。在旧伦理长大的孩子第一次接触西方世界，但她的身心还是旧式的、传统的、东方的。

怎么可能任由自己去爱一个已婚的男子呢？难道要这个男子抛弃发妻，自己去替代那个位置吗？不，不可能，绝不可能！

面对徐志摩的热烈表白，林徽因逼迫自己冷静下来。这几个月，只能算一段精神上的奇遇，如果要将这样略显不光彩的感情变为现实，16岁的林徽因根本无力应对。她还没有经历什么世事，不过只是一个紧跟在父亲身边的女学生而已。更何况，还有梁思成呢。林徽因想到跟表姐们去清华大学看思成作为军乐队队长那"全身披挂"的好笑的军乐队演出就乐不可支。还有梁思成那会说话的深深的眼睛，话语不多却经常冒出诙谐幽默的句子，多么讨人喜欢！那个健康、干净的男孩才是与自己质地一样的对等关系。

林徽因还没有来得及当面拒绝徐志摩。徐志摩已经千里迢迢跑去德国找张幼仪离婚去了。林家父女对这个冲动、率真、戏剧化性格的徐志摩无可奈何。无心卷入别人家庭的林氏父女决定远离是非之地尽快回国。他们乘船穿越苏伊士运河和印度洋，经过漫漫旅程，于 1921 年 10 月返回家中。1935 年 8 月她给好友费慰梅的信里回想起这段时光："听到一段当我还是个小姑娘时，在横渡印度洋回家的船上所熟悉的乐曲——好像那月光、舞蹈表演、热带星空和海风又都涌进了我的心灵，而那一小片所谓青春，像一首歌中轻快而短暂的一瞬，幻影般袭来，半是悲凉、半是光彩……"

面对绝情无义的徐志摩，伤心欲绝的张幼仪此时已远赴德国投奔性格体贴的七弟。因为此时的她已经怀有身孕。徐志摩为了撇清关系，要求张幼仪去堕胎。张幼仪在震惊中颤抖地哀求：听说堕胎会死人啊。已经被爱情冲昏头脑的徐志摩冷冷地回复，坐火车也会死人，难道从此再不坐火车了吗？

张幼仪始终不明白，为什么她永远走不进徐志摩的世界，徐志摩也从来没有试着让她去了解他。她只记得徐志摩出国前好像被关在笼子里的动物那样踱来踱去，他挥舞着手臂宣称全中国正在经历一场变局，这场变局将使个人获得自由，不再屈从于旧习俗，说他要向这些使他无法依循自己真实感受的传统挑战，成为中国第一个离婚的男人。他挥舞的手臂像一个决绝的宣告，这个宣告对徐志摩也许是光荣的对抗与革命，对张幼仪却不啻为天崩地裂的宣判。

在吴经熊家里，张幼仪与徐志摩正式签字离婚，见证人还有凑巧来柏林访友的金岳霖。当他们因为徐志摩成为中国第一个离婚的人鼓掌庆祝的时候，张幼仪却孤立无援，流尽千行泪，整个世界踏着她内心的痛苦在为那个挑衅传统的男人欢呼歌颂。

无论徐志摩对张幼仪多么寡情，所有的人仍然都爱徐志摩。张幼仪想到她写信告知二哥张君劢自己要跟徐志摩离婚时，张君劢在哀痛中回信：张家失徐志摩之痛，如丧考妣。并殷殷叮嘱她：万勿打胎，兄愿收养。张家人对徐志摩的热爱可见一斑。更有甚者，当日后徐志摩与陆小曼再婚时，张幼仪的八弟张嘉铸不仅盛装出席，晚年时的张嘉铸更留下遗嘱要求子女要在自己的丧礼上读一首徐志摩的诗。

徐志摩费尽心机摆脱了张幼仪，林徽因业已芳影无踪。

两个女人都离开后，返回康桥的徐志摩开始去领略康桥的美。林徽因给他的痛苦使他发掘出了自身诗人的潜能。那些狂热的回忆，沉在康桥静静的水流里，被记忆美化成海市蜃楼般的倒影。

作为生命中出现过的重要女人，张幼仪和林徽因对徐志摩成为一名诗人所产生的影响，陆小曼这样分析："志摩写诗最多的时候，是他初次留学回来，那时我同他还不认识。最初他是因为对旧式婚姻（指徐志摩与张幼仪的结合）的不满意，而环境又不允许他寻他理想的恋爱，在这个时期他是满腹牢骚，百感杂生……因此写了不少好诗。后来居然寻到了理想的对象（即林徽因），而又不能实现，在极度失望下又产生了多种不同风格的诗，难怪古人说'穷而后工'。"[1]

这一年，徐志摩"绝对孤独"的独处，使他发现了康桥最大的美。在整个学期里，他的交友圈包括狄更生、福斯特、H.G 威尔斯、理查兹、罗素、傅来义、魏雷、莫瑞。伟大的英国诗人激发出了他理想、浪漫的幻想，使他的笔端不由自主开始"断行书写"，那些诗汩汩而出，成了他最自然纯熟的抒发方式。他的诗歌影响了中国未来的一个世纪。

身心百般痛苦砥砺的徐志摩已经重生在康桥。完成蜕变的他整理行装，于 1922 年 10 月 15 日回国返回上海。

他和林徽因的故事还将有数年纠葛，远没有结束。

1　《志摩诗选》序，陆小曼著：《陆小曼自述自画》，中国青年出版社 2013 年版，第 174 页。

第三章　智慧的叶子掉在人间 [1]

北平的春天，时而风烈沙起、时而煦暖人熏。新春的风好像刮开了另一片新鲜的天空和生活。林家院子里两棵高大的栝树生发出了青稚的嫩枝新叶。院子里的大树被春风刮开了娇弱的叶蕾。春天还未过完，时常在树下徘徊着的少女突然发觉，似乎是在那些无数个不经意中，在那一片深情专注的目光下，在温和沉静的殷殷陪伴中，她的心不禁为一个人深深沉醉了。打动她的，正是那个一派文雅又略带调皮的"傻小子"——梁思成。

梁思成开始频繁出入景山后街雪池林寓。梁思成和林徽因在院子里看紫藤树，比赛谁画得美；有时坐在后院的长石台阶上看书，不时聊聊文学；有时候抬头远看，一起看蓝天映衬下宁静素雅的北海白塔。

属于他们的正式交往从 1922 年这个春天开始了。林长民给梁思成的信里问：思成足下，你到家想都好，徽病情已略轻减。徽命令我详细写信给你，这爸爸真是书记翩翩也，比你的爸爸如何？

1　林徽因：《题剔空菩提叶》，《大公报·文艺副刊》1936年 5 月 17 日。

交往密切的父辈，已经决定由儿女以婚姻的形式继承他们之间珍贵的友谊。

从欧洲回国后，林徽因继续回到培华女校完成学业。梁思成在清华学堂留美预科班已经毕业在即。

林徽因迫不及待要向梁思成分享那些欧洲见闻。她描述了那座高大华美却令她倍感孤单的房子；难忘的美丽康桥有着鸟鸣绿野山花树林和康河静静的水流；还有那些前来拜访父亲的英国文学巨匠无一不因其智慧与才华使她深受启迪。更重要的是，林徽因讲起了她的伦敦女同学。那个女同学可以连续几个小时沉浸在画建筑图中。那些原本司空见惯的房子，在她的笔下出现了结构、雕塑、装饰结合的美学意味。徽因痴迷地说："我已经被这门艺术迷住了，我可以每天看着同学画这些房子看得如痴如醉。原来，房子不仅满足于住的功能，这同时也是艺术的一种。这是一门叫作建筑学的学科，包含艺术和工程技术，用诗意的说法：这是凝固的音乐、石头的史诗。"

梁思成聪慧的眼睛闪出了兴奋的光芒，聪颖的他瞬间懂了林徽因所描述的"建筑学"，尽管此前他听都没听说过。可是爱好美术的他也经常会在练笔时画到那些中国的房子。梁思成之前在画房子的时候已经在一片懵懂中隐隐觉得，这些那么讲究朝向、采光、颜色搭配、图案描绘、院落布置的房子绝不仅仅只是"居住之所"那么简单。现在，终于有一个叫建筑学的名词为他的懵懂破出了正确的称谓。

林徽因热切地表示，以后她要以建筑为终身职业，做中国第一个女建筑师。

梁思成紧紧握住了她的手，望着她黑亮的眼眸坚定热切地说，那么，我将跟你一起经历这些！

心灵碰撞之光炽热如炬，两颗火热的心几乎要融化为一体，梁思成和林徽因情不自禁地相互依偎。爱情，轰轰烈烈地来了。还有什么能比身怀一样的价值观、一样的生活热情、一样的理想追求更令人陶醉、令人幸福的情感！

1. 意外事故

1915 年 5 月 7 日，日本发出最后通牒，强迫中国接受妄图灭亡中国的秘密条款——《二十一条》。袁世凯政府除第五条外全部予以承认。中国人民奋起反抗，自发上街游行，反抗当局的无能懦弱。这就是 5 月 7 日"国耻日"的来历。

1923 年 5 月 7 日这天，梁思成跟弟弟梁思永将大姐从海外买来的摩托车搬出来，梁思成载着梁思永要去加入"国耻日"游行人群中。

他们刚出南长街口，就被一辆大汽车横撞过来。梁思成瞬时被压在摩托车下，重创使他当时便陷入昏迷。梁思永被甩出去老远，看到哥哥伤势严重，满脸流血的梁思永顾不得其他，赶紧飞跑回家求助。

那辆撞人的汽车却完全没有停留，坐在里面的官员对血泊中的伤者看都没看一眼。傲慢的肇事者冷淡地命令司机继续开车，扬长而去。

这时正是午前约莫 11 点，梁家正在给梁启超的二弟庆寿。林长民和林徽因当时被邀请在场。

当梁家听差曹五把梁思成背回家的时候，受伤过重的梁思成脸上已经失去了血色。梁启超看到虚弱的梁思成顿时心如刀割，此时的梁公紧张害怕到只求心爱的儿子能保住一条命就足够了。20 分钟后，梁思成的脸色才慢慢回转过来。昔日挥斥方遒的梁启超此时在孩子们面前，只不过是一个深情如山的普通父亲，一个时时刻刻把孩子们的安危挂在心尖上的父亲。

救护车把梁思成和梁思永一起送到了医院。梁思永经检查只是嘴唇磨破和腿部轻微擦伤。梁思成却因此落下残疾，引发了陪伴终身的痛苦磨难。

梁启超公子被撞的消息很快登上了北京《晨报》。梁家人也得知撞人后不顾而去的官员正是时任北洋政府陆军部次长，号称"四大金刚"之一的金永炎。梁母恨极了傲慢自大的金永炎，她亲自跑到总统府大骂总统黎元洪。金永炎撞人后扬长而去，事后也没有半点问候抱歉之意。经《晨报》披露后，一时舆论沸沸扬扬，金永炎一直到三天后，才上门道歉，后来黎元洪也跟着一起赔不是，梁母才气平下来。

对于梁母大闹总统府，睿智的梁启超故意不闻不问，他在给女儿思顺的信里写道："我见人已平安，已经心满意足，不欲再与闹。惟汝母必欲见黎元洪，我亦不阻止，见后黎极力替赔一番不是，汝母气平了，不致生病，亦大好事也。"（《与思顺书》，1923 年 5 月 11 日）

梁思成被撞时，吓坏了父亲梁启超，也吓坏了林徽因。紧张的父亲在心里想，"只要拾回性命，便残废也甘心。"紧张的林徽因在心里想的几乎是一样的，只要心爱的人能够活下来，即便残疾了，她也要守护照顾他一辈子，只要，只要不失去他，任凭什么样的安排她都全盘接受。

起初，医生通知梁家，梁思成只是右腿断了，并不需要动手术。这个轻率的判断是错误的，错误的判断过了一段时间才被发现，这就耽误了最佳治疗时机。

实际上他是股骨复合性骨折。不到一个月的时间梁思成反复动了三次手术。梁启超在给大姐思顺的信中充满希望地说："和正常人一样走路了。"可实际上这只是父亲乐观的愿望而已。从那时起，梁思成的右腿显然比左腿短一大截，这辈子他只能跛着脚走路。这对一个昔日健康的"体育健将"不啻为严重打击。

更加残酷的事实是，由于脊椎受伤，梁思成从此一直要穿着协和医院特制的马甲，才能支撑起他的上半身。这对于日后要经常在农村长时间徒步、攀爬和检查屋顶及榱架的人来说，这种残疾实在令人难以忍受。

两兄弟在医院被安排住在同一间病房里，梁思永一个星期就出院了，梁思成足足住了八个星期。

　　父亲去医院看望他们的时候，却看到感情笃深的兄弟俩仍旧顽皮如故。"思永嘴不能吃东西，思成便大嚼大啖去气他；思成腿不能动，思永便大跳大舞去气他。"（《与思顺书》，1923 年 5 月 11 日）慈爱的父亲满意地说："这回小小飞灾，很能看出他们弟兄两个勇敢和胁挚的性质，我很喜欢。"

　　亲历到这场意外，使林徽因猛然发觉原来自己在不知不觉中早已经与梁思成密不可分。从这天开始她暗暗下定决心要与梁思成今生今世福祸与共。回到家里，她彻夜难眠，牵挂着伤中的梁思成，想到他一个人在医院痛得呻吟，那么孤单、无助，她的心仿佛被撕扯成了千百片；当她来到医院，看到他在自己面前强忍着疼痛，她便心疼地恨不能紧紧拥抱他，替他分担这些痛苦。她已经放不下梁思成了。

　　对于梁思成又何尝不是呢？当年那个裙角一摆便翩然而去的小姑娘已经变成了如今光彩照人的林徽因。日常的她才思敏捷、幽默风趣、知识渊博，以至于她一串串的妙语连珠令他常常应接不暇。现在的她温暖柔情，照顾他无微不至。他看出了她的柔情，也看出了她的倔强。晚上徽因不在，他却感觉她的柔情还弥漫在这里，她欢快的笑声还回荡在这里，这让病体的疼痛减轻了很多。甚至可以说，这次住院住得相当"甜蜜"。

尽管在这年1月两人就已有成言。但，这次车祸事件，使他们更加认清了彼此在对方心里的分量，灾难使他们更加看清了自己的内心。也许正是在这个时候，他们已经互相许下了终身诺言。这份矢志不渝的承诺使林徽因决定无视世俗礼教，勇敢地以"未婚妻"的身份去照顾梁思成。

梁思成住了八个星期的院，林徽因就去陪了他八个星期。望着病床上不能动的梁思成，林徽因心疼地流下泪来。她还想着这个傻小子去年约自己去逛太庙，那是他们第一次出去玩。林徽因尽量摆出少女的矜持模样。但想不到进了太庙不一会儿，身边的梁思成突然不见了。林徽因四处张望，却突然听到有人叫她，寻着声音抬头一看原来梁思成爬到树上了，把她一个人丢在树下。徽因不禁又气又恼，生了一会儿气，想想又觉得好笑，于是两个人一会儿笑一会儿闹，不知不觉省去了青年男女初次相处时装腔作势的那一套。第一次见面是一见钟情，第一次约会已经一见如故。

可是，梁思成以后还能这么敏捷地爬树吗？他曾经是一个多么棒的小伙子。在清华学堂，他是有名的足球健将，他在全校运动会上得过跳高第一名，他的体操单杠、双杠在同学中出类拔萃，爬绳技巧更是呱呱叫……以后会怎样？只能交给以后了。林徽因只知道，现在的她只想好好爱他，给他关怀和鼓励。

林徽因找来外文书读给梁思成听，林徽因把听到的笑话讲给梁思成听，林徽因把身边发生的趣事绘声绘色地讲述给梁思成……进入盛夏，闷热的天气使缠满纱布的"病人"顾不上斯文，梁思成有时候热得赤膊露身仍止不住汗水淋淋。体贴的林徽因顾不得礼法避讳，细心地为他擦汗、扇风。即使梁思成的母亲李夫人在场也毫无收敛。梁母每天到医院看望梁思成两次，每次去都看到林徽因与梁思成说说笑笑，没有丝毫遮掩，没有丝毫羞怯。这让传统的梁母完全无法接受，打心眼里看不上这个太"新潮开放"的未来儿媳。梁母对大姐思顺直言这位姑娘"不知害羞"。

母亲的抱怨引起了大姐梁思顺的共鸣。两代人和同辈人之间各自埋下了看不见的怨隙。

原定的出国计划被打乱了。梁思成本来的计划是在这年赴美留学，现在按照父亲的意见，没有必要在身体没有完全养好前，去做无谓的冒险。不如推迟一年，身体完全康复了再说。这个建议有徐志摩参与的赞成票，也有张君劢的大力赞成。这一推迟，正好可以等到林徽因中学毕业，她也考取了半官费留学资格。

明智的父亲决定让思成利用这一年的时间多读点中国书。

父示思成：

　　吾欲汝以在院两月中取《论语》《孟子》，温习暗诵，务能略举其辞，尤于其中有益修身之文句，细加玩味。次则将《左传》《战国策》全部浏览一遍，保益神智，且助文采也。更有余日读《荀子》则益善。各书可向二叔下求取。《荀子》颇有训诂难通者，宜读王先谦《荀子集解》。[1]

直到 7 月 31 日梁思成才出院。梁启超写信告诉他："人生旅途相当长，一年或者一个月算不了什么。你的一生太平顺了，小小的挫折可能是你磨炼性格的好机会。而且就学业来说，你在中国多准备一年也没有任何损失。"

正如父亲所预言的这样，日后梁思成由衷地敬佩父亲这个富于远见卓识的安排。这一年他的国文学习精进良多，对他在日后研究中国建筑史考据大量古籍时大有裨益。

2. 志摩的情丝

1922 年徐志摩从欧洲回来时，在国内已经诗名赫赫。清华文学社的梁实秋想请他来做一次演讲。梁实秋不认识徐志摩，就请同窗好友梁思成去接洽。徐志摩欣然答应。"志摩翩然而至，白白的面孔，长长的脸，鼻子很大，而下巴特长，穿着一件绸夹袍，加上一件小背心，缀着几颗闪闪发光的纽扣，足蹬一双黑缎皂鞋，风神潇散，旁若无人。"[2]

1　梁启超：《与思成书》，见《梁启超家书》，中州古籍出版社 2016 年版，第 93 页。
2　梁实秋：《谈徐志摩》，见刘天华、维辛选编：《梁实秋怀人丛录》，当代世界出版社 2007 年版，第 14 页。

快雪堂位于北海北岸一个斜坡之上，曾是慈禧太后冬天赏雪的地方。在梁启超的大力倡议下，1923 年 11 月 4 日纪念蔡锷将军的松坡图书馆在这里成立。民国大总统黎元洪将北海公园的快雪堂拨为馆址（第一馆）。梁启超任馆长。

爱徒徐志摩归国后，梁启超安排他在第二馆外文部担任英文秘书。第二馆设在西单牌楼石虎胡同 7 号。

徐志摩回国后应邀四处演讲，除了在清华演讲《艺术与人生》，还在文友会上作题为《我对威尔斯、嘉本特和蔓殊菲尔的印象》的英文演讲。他还在胡适主办的《努力周报》上发表了《就使打破了头也还要保持我灵魂的自由》和《坏诗、假诗、形似诗》等。在几场笔战中他"得罪"了郭沫若，却在胡适身上找到了越来越多的共同点：平和、诗性、唯美和绅士。

知音相逢，自然而然要做出一番事业。徐志摩和胡适作为灵魂人物形成了石虎胡同 7 号的聚餐会，这里也被看作"新月社"的发祥地。一群相近出身、相近阅历、相近教育背景、相近志趣、相近艺术观点的朋友聚拢在一起，内容不仅限于吃吃喝喝，也在吃喝之余吟诗作画，浅吟小唱，一派温情、浪漫。在聚会的人群中林徽因和梁思成也经常结伴出现。

这段时间梁思成与林徽因正处于热恋期。梁思成有图书馆的钥匙，常在礼拜天闭馆期间带徽因到图书馆。

每当与林徽因相遇，徐志摩的心里总不免充满失落和痛楚。强烈遵循内心感受的他经常还会做出无法割舍对林徽因感情的举动。

梁启超为此忧心忡忡，这三个孩子都让他喜爱异常，他不禁语重心长地写信劝解徐志摩：

其一，万不容以他人之苦痛，易自己之快乐。弟之此举，其于弟将来之快乐能得与否，殆茫如捕风，然先已于多数人以无量之苦痛。

其二，恋爱神圣为今之少年所乐道。……兹事盖可遇而不可求。……况多情多感之人，其幻想起落鹘突，而得满足得宁帖也极难。所梦想之神圣境界恐终不可得，徒以烦恼终其身已耳。

呜呼志摩！天下岂有圆满之宇宙？……当知吾济以不求圆满为生活态度，斯可以领略生活之妙味矣。……若沉迷于不可必得之梦境，挫折数次，生意尽矣，郁邑伦像以死，死为无名。死犹可也，最可畏者，不死不生而堕落至不复能自拔。呜呼志摩，可无惧耶！可无惧耶！（十二年一月二日信）

徐志摩收信后，给恩师回复道：

我之甘冒世之不起，竭全力以斗者，非特求免凶惨之苦痛，实求良心之安顿，求人格之确立，求灵魂之救度耳。

　　人谁不求庸德？人谁不安现成？人谁不畏艰险？然且有突围而出者，夫岂得已而然哉？

　　我将于茫茫人海中访我唯一灵魂之伴侣；得之，我幸；不得，我命，如此而已。

　　掷地有声，诗情蓬勃，不可增减。徐志摩执意追求林徽因，但梁思成与林徽因恋情已深。陆小曼多年后惋痛：志摩好不容易找到理想之人，却不可得。

　　当局者迷。正如林徽因事后分析的那样："徐志摩当时爱的并不是真正的我，而是他用诗人的浪漫情绪想象出来的林徽因，可我并不是他心目中所想的那一个人。"通透明澈如斯。

　　胡适说，徐志摩的人生观真是一种单纯信仰，这里面只有三个大字：一个是爱，一个是自由，一个是美。他的一生是爱的象征。在胡适看来，徐志摩的一举一动都是一片坦荡荡的赤诚。

　　徐志摩对梁思成和林徽因而言，首先是梁启超的爱徒、林长民的忘年知己，两代交错多重关系下，志摩更是他们真挚热忱甚至愚诚的好朋友。

　　事实上，徐志摩、梁思成、林徽因一直保持着非常亲近的友谊关系。徐志摩虽然失落痛苦过，却并没有产生不成爱便生怨的狭隘之气，他对世间美好的欣赏与向往胜过个人需求。实际上他们三人之间的关系不仅已经演化成真心的友谊，还带着赤诚的孩子气，甚至有时候表现得有些淘气和顽皮。

梁启超与林长民同是"讲学社"的策划人。这个社曾经主办了罗素等人的来华访问，把外国著名思想家的观点介绍给中国。一时之间国际名人受邀来华蔚然成风。

1923 年世界级小提琴大师受北京外交使团邀请，给驻华外交人员及家眷进行表演。徐志摩知道后连忙跑去找梁思成和林徽因："世界著名的提琴大师到北京来，居然不给我们中国人表演，只给外国人演奏，这怎么行？"徐志摩一面表示愤慨，一面央求梁思成和林徽因想对策。志摩是个兴之所至的人，他总是想到了就去做，往往没有成熟的规划和明确的对策。

梁思成作为清华乐团的指挥，他会黑管、横笛、小鼓等等乐器，是乐团的灵魂人物。梁思成想让学生们来听演奏。可是学生们都很穷，根本掏不起门票钱。顽皮的徽因觉得他们可以稍稍利用一下"政治身份"，对富人权贵们"趁火打劫"一次，假公济私。于是梁思成作为前财政总长梁任公的公子，林徽因以前司法总长女公子的身份一起出面向那些达官贵人推销贵宾票。那些达官贵人都好面子，只好顺水推舟，纷纷慷慨解囊。卖出这些贵宾票的钱已经足够支付给小提琴大师作为酬劳。清华的学子们以非常低的价格听了一场最高规格的演出。

三个顽皮的朋友通力合作创造性地成就了一段美谈。有点劫富济贫的侠义，又显现出他们非常强烈的民族尊严感和爱国情怀。事后，他们三个人无一不对此津津乐道，甚至有些得意。他们在一起总是有新奇的事情去探索，也有很多大事件要同力去担当。

转年后，另一位世界级大师也要到中国来了。

3. 泰戈尔来了

1924 年，现代派文学的帷幕刚刚向中国打开，诗歌闪着金光的烈情与热焰照亮了动荡局势下的新青年。

在讲学社的邀请下，诗翁泰戈尔从 4 月 23 日至 5 月 30 日在华访问长达 50 多天。访华前泰戈尔刚获得诺贝尔文学奖，是第一位戴上这顶桂冠的东方作家，正以盛名享誉世界文坛。泰戈尔是印度百科全书式的哲人，他一生写作了 50 多部诗集，12 部中、长篇小说，100 多篇短篇小说，20 多部剧作，还画了 1500 多幅画，作了几百首歌曲，撰写了大量的论文。他的抒情长诗《吉檀迦利》，获得 1913 年诺贝尔文学奖。加尔各答大学授予他博士学位，英国政府封他为爵士，但他拒绝了这一封号，以示对英国殖民主义的抗议。

泰戈尔先后到了上海、杭州、南京、济南、北京、太原、汉口等城市。梁启超、林长民、胡适、徐志摩、林徽因、梁思成等不时陪伴左右。

徐志摩和林徽因被选为泰戈尔的左右翻译。许多天来，林徽因的陪同日程总是满满的。

25日，她与梁启超、林长民、胡适等一起陪同泰戈尔游览北海，参观松坡图书馆，又赴静心斋茶会。

26日，又与徐志摩、陈西滢等陪同泰戈尔游览京郊法源寺，观赏丁香花。

27日，林徽因陪同泰戈尔游览故宫御花园，并拜会溥仪，兼作翻译。晚上陪同参加北京文学界欢迎请泰戈尔宴会。

28日，她与梁思成等陪同泰戈尔往天坛同北京学生见面。徐志摩担任翻译。

29日，再与胡适、徐志摩、王统照、颜惠庆等人陪同泰戈尔，午前参加北京画界在贵州会馆的欢迎会。下午参加庄士敦的招待。

下旬，她还与丁西林、胡适等人陪同参加了凌叔华在私宅举办的欢迎泰戈尔家庭茶会。[1]

泰戈尔同北京学生见面的场面，在吴咏的《天坛史话》中有生动的描写："林小姐人艳如花，和老诗人挟臂而行，

---

[1] 陈学勇：《莲灯诗梦·林徽因》，人民文学出版社2014年版，第54页。

加上长袍白面，郊寒岛瘦的徐志摩，有如苍松竹梅的一幅三友图。徐志摩的翻译，用了中国语汇中最美的修辞，以硖石官话出之，便是一首首的小诗，飞瀑流泉，淙淙可听。"

泰戈尔的演讲原本定在天坛举办，后来考虑到来听演讲的以学生为主，天坛门票比较贵，会增加学生们的负担，于是演讲又临时改在不收门票的先农坛进行。《晨报》对诗人的演讲盛况进行了报道："午后二时，即有无数男女学生驱车或步行入坛，络绎不绝，沿途非常拥挤。讲坛设在雩内之东坛（即一品茶点社社址），坛之四围布满听众，有二三千人之多。京学界各团体之代表均聚集坛上，天津绿波社亦派有代表来京欢迎，至三时零五分泰氏始到，乘坐汽车至雩坛门前下车，林长民为导，同来者为其秘书恩厚之、葛玲女士及林徽因、王孟瑜女士并梁思成等。"

在泰戈尔来之前，国内已经有各种声音。徐志摩告诉胡适，好多人公然表明"已经决意不欢迎，甚至已经在准备一场谏语，攻击这不自量的亡国奴"。更有甚者，居然还有一部分人怀疑泰戈尔是中国出了钱请来的。

泰戈尔已经是一位60多岁的老人，来中国之前刚刚生完一场大病。徐志摩苦口婆心地向大众传达，希望各界放下成见，不应该盲目崇拜，也不应该随意抹杀，应当以公正的心态去研究泰戈尔本人的作品，了解他的思想，领会他的艺术。"才不负他爱敬我们的赤诚，不惜高年跋涉的美意。"

然而即便如此，泰戈尔还是遭到了许多无礼的攻击。新文化运动下的青年学生认为泰氏宣扬超卓的精神和高尚的人格，不顾中国内忧外患的事实，只会把中国推向灭亡。他们散发传单、组织游行，批评泰戈尔宣扬中国悠久的文明传统，宣扬精神至上，而对中国的贫穷落后无动于衷。

鲁迅杂文《骂杀与捧杀》中犀利如刀地说道："他来中国了，开坛讲演，人们给他摆出一张琴，烧上一炉香，左有林长民，右有徐志摩……说得他好像活神仙一样。"

老诗人怀着一片热情而来，却遭受到了毫不公允的无情打击。在抗议声中，伤心的泰戈尔取消了原计划的另几场演讲。

实际上，在此次访华中，泰戈尔与恩厚之曾专程到山西与阎锡山洽谈，拟在山西晋祠试验农村开发计划。之后恩厚之确实向徐志摩电汇专用款项供他开展计划使用。后来，可能因为中国国内局势动荡原因没有进行下去。

徐志摩以其真挚热情的性格博得了泰戈尔的爱。徐志摩不仅称泰戈尔为老戈爹，泰戈尔还给他起了一个印度名字：素思玛。

1927 年泰戈尔在又一次世界游历中专程来看望徐志摩，并在徐志摩家逗留数日。这次泰戈尔离开中国时，徐志摩拉着郁达夫同去。同窗郁达夫唯一一次在徐志摩的脸上看出悲哀的表情来，徐志摩静静地呆呆地对他说："诗人老去，又遭到了新时代的摈斥，他老人家的悲哀，正是孔夫子的悲哀。"

其后，1928年徐志摩专程去印度拜访泰戈尔。泰戈尔亲自做主席举办茶会。徐志摩最后一次在诗翁身边体会一代诗哲的智慧。老诗人和平常一样，爱说幽默话，爱笑，而他讲故事的本领更非他人所能及。在那个动人的、了不起的场合里，徐志摩应泰戈尔的邀请对当地教师及学生欣然讲了孔夫子。泰戈尔又怎知道徐志摩此前将他与孔夫子的一番比拟？

4. 齐特拉的情

5月8日恰逢泰戈尔64岁寿辰。德高望重的文学泰斗正处于事业巅峰。北京文化界为表达对泰戈尔的敬重之情，借此良机举行了一场隆重的祝寿会。祝寿会由胡适操办，梁启超主持并为泰戈尔赠名。梁启超说，泰戈尔的印度名字为拉宾德拉，意思是"太阳"与"雷"，如日之升，如雷之震，译成中文应是"震旦"，而"震旦"恰巧是古代印度对中国的称呼。泰戈尔中文名字曰"震旦"，象征着中印文化的悠久结合。同时，按照中国的习惯，名字前应当有姓，中国称印度国名为"天竺"，泰戈尔当以国为姓，所以泰戈尔的中国名字为"竺震旦"。

在热烈的掌声中，一袭布袍的泰戈尔从梁启超手中接过了刻有他中国名字"竺震旦"的印章。中印两大文学泰斗惺惺相惜缔结下深厚的友谊。

新月社在泰戈尔定下中国行程时，就已经开始秘密准备送给泰戈尔一份"惊喜"。他们将作家本人的剧作搬上舞台，作为贺礼表达敬意。这部用英语演出的泰戈尔的剧作《齐特拉》成为祝寿会的压轴戏。

《齐特拉》取材于印度史诗《摩诃婆罗多》中的故事。

齐特拉是马尼浦国王和王后的女儿，也是他们唯一的孩子。她长得并不漂亮，国王唯有立她为储君，从小让她像男孩子一样学习武艺，接受训练。

一天，齐特拉在山中行猎，碰到了邻国王子阿顺那。她对阿顺那王子一见倾心，面对爱情，生平第一次为自己的相貌不美而感到痛苦。她向爱神祈祷，求爱神赐她以美貌。爱神被她的虔诚所打动，答应赐给她一年时间的美貌。齐特拉变成了美女，赢得了阿顺那王子的爱情，与王子如愿以偿结了婚。

婚后不久，王子吐露心声，说自己一直在心里爱慕着邻国英武的公主齐特拉。而这时的齐特拉，也早已不耐烦冒充美女。于是，她又向爱神祈祷，请求收回赐予她的美貌。她在丈夫面前显露了真实的形象，有情人得偿所愿。

整部戏由张彭春导演，梁思成构思绘制布景，林徽因饰演女主角齐特拉。担任其他角色的无一不是名流：张歆海饰演王子阿顺那，徐志摩饰演爱神玛达那，林长民饰演春神伐森塔。连跑龙套的也非寻常之辈，袁昌英演村女，丁西林和蒋方震演村民。

幕布拉开了，新式布景让观众眼前一亮。丛林上空悬一弯晶莹新月，月下齐特拉公主的姿态造型曼妙动人，齐特拉公主貌美如花，流畅的英语清脆柔曼。演出引起轰动，那几天的报纸连篇累牍的文章盛赞这场演出。5月10日北平《晨报副刊》说："林宗孟（按，即林长民）君头发半白还有登台演剧的兴趣和勇气，真算难得。父女合演，空前美谈。第五幕爱神与春神谐谈，林徐的滑稽神态，有独到之处。林女士徽音，态度音吐，并极佳妙。"

文化界许多名流应邀前来观看演出，包括与新月社见解越来越分歧的鲁迅。鲁迅当天日记记下："逮夕八时往协和学校礼堂观新月社祝泰戈尔氏六十四岁生日演《契忒罗》（《齐特拉》）剧本二幕，归已夜半也。"梅兰芳也来了，或许梅兰芳是回谢，也是欢送客人，5月19日梅剧团在开明戏院演出《洛神》招待泰戈尔。林徽因结识这位京剧大师可能就在此时，从此她喜爱上京剧。梅兰芳也很敬重这位才女名媛。应费慰梅之邀写下对林徽因回忆文章的美国夫妇查尔斯和芙瑞丽卡·查尔德写道："菲丽丝（林徽因英文名字）感情丰沛，爱开玩笑，对任何事都很坚持，走到哪儿都引人注目。她很气梅兰芳，因为有她在场时梅兰芳从来不敢坐下，她欣见传统戏曲带进二十世纪的节奏。"[1]

1　费慰梅：《林徽因与梁思成，一对探索中国建筑的伴侣》，见刘小沁编选，《窗子内外忆徽因》，人民文学出版社2001年版，第278页。

泰戈尔要离开中国了，连日来相伴左右的林徽因，为他翻译，为他演出，既聪敏可人又充满诗情画意，常常有犀利的品评、独到的见解。林徽因等人令诗翁顿生依依惜别之感。然而他未能助成徐志摩追求林徽因的美事，这对金童玉女的有缘无分令泰戈尔深感惋惜。临行时他为林徽因和徐志摩留下了一首小诗：

> 天空的蔚蓝，
> 爱上了大地的碧绿，
> 他们之间的微风叹了声"哎"！

5月20日夜，泰戈尔离开北京前往太原考察，然后赴香港经日本回国。徐志摩将一路随行陪同。林徽因、梁思成和许多人一起到车站为他们送行。

此时，林徽因和梁思成赴美留学的一切手续都已办好，他们很快将一起踏上共同的理想之路，也许很快会结婚。望着林徽因，徐志摩百感交集。这一次的离别将是真正的离别。在接待泰戈尔的这些天里，他与徽因朝夕相处，曾经极力压抑在心底的感情又炽烈地燃烧起来。他向窗外望去，窗外送行的人们在一声声道着珍重，徽因近在咫尺，又远在天涯，他只觉得五内俱焚，身边的恩厚之惊诧道："志摩，你怎么哭了？"他才意识到自己早已泪流满面。

火车开了。他们要去遥远的山西。等到他回到北京时，徽因已经跟随思成去了美国。夜如巨噬，大半个黄澄澄的月亮晃着惨淡淡的光，车轮咯噔咯噔响着。志摩的心里凄怆难当，天茫茫、地茫茫、心更茫茫，挫败感要吞噬掉诗人的愁绪，他伏在桌角含泪写着：

> 我真不知道我要说的是什么话。我已经几次提起笔来想写，但是每次总是写不成篇。这两日我的头脑总是昏沉沉的，开着眼闭着眼却只见大前晚模糊的凄清的月色，照着我们不愿意的车辆，迟迟地向荒野里退缩。离别！怎么能叫人相信？我想着了就要发疯。这么多的丝，谁能割得断？我的眼前又黑了……[1]

徐志摩哽咽了。无名的悲怆扼住了他的笔尖，在颤抖中他停下了。他知道，这是一封永远寄不出去的信。经过数月相处，泰戈尔的秘书恩厚之已经成为徐志摩的密友，早已对一切了然于心，他默默地将信收起来，一直到40多年后才予以公开。恩厚之满怀同情地注视着徐志摩，这也是一封没有写完的信，就像他和徽因，像这封信一样，只能是彼此生命里的一个"片段"。

1924年6月初，林徽因和梁思成前往美国。这一年，徽因20岁，思成23岁。

1　徐志摩：《致林徽因》，见顾永棣编：《徐志摩全集·书信卷》，浙江人民出版社2015年版，第216页。

第四章　同来攀动那根希望的弦[1]

"我觉得我的方法好极了，由我留心观察看定一个人，给你们介绍，最后决定在你们自己，我想这真是理想的婚姻制度。"梁启超在给梁思顺的信中对自己"中西合璧"的相亲办法不无得意。

大姐梁思顺出生于1893年。生这位长女时，梁启超刚刚20岁。梁启超对长女疼爱有加，几乎将其作为自己的"红颜知己"，凡事莫不与其商量。思顺的丈夫周希哲被维新派送去日本留学，后又到美国哥伦比亚大学攻读，获国际法博士学位。他是梁启超的得意学生，也是被亲自相中的女婿。梁启超对这样的结合方式相当满意。他不无得意地对思顺说："好孩子，你想希哲如何，老夫眼力不错罢。"现在看来"徽因又是我第二回的成功"。

双方父亲竭力希望他们在朝夕相处的学习生活中能够增进了解、培养感情。然而，性格差距极大的徽因和思成远没有大姐夫妇那样一帆风顺。

眼下，他们顾不上剖析各自的性格差距。在全新的未知幻想中，他们的心里充满了对新知识的好奇，对大

1　林徽因：《深夜里听到乐声》，《新月诗选》1931年9月。

洋彼岸生活的无限向往，他们憧憬的美好生活似乎已经展开画卷，碧波荡漾的大海上他们如航船鼓帆，蓄势待发充满活力。

在梁思成和林徽因赴美之前半年，林长民就开始通过一些留学团体和驻外机构，帮助咨询女儿进入宾夕法尼亚大学艺术学院建筑专业的可能性。宾大建筑系回复道：宾大的艺术学院建筑系不招收女生，理由是建筑系的学生经常加夜班绘图，女同学无人陪伴不甚方便，但是艺术学院的其他专业却向女生敞开大门。

这份被视为像生命一样重要的完美专业难道就要被残忍隔断吗？性格开朗又倔强的徽因决定：先去了再说！

梁思成的清华同窗陈植与他们一路同行。林徽因影响了梁思成的职业选择，陈植则是在梁思成的鼓励下欣然选择了建筑学。他们三人由中国到美国，首先到了纽约绮色佳的康奈尔大学修了几个月的暑期班，以适应美国的新环境。在康奈尔大学，他们选修了美术和数学。这里是常春藤名校，他们希望有了这些预修学分，到宾夕法尼亚大学可以"直升建筑系二年级甚至更高年级"。

思成和徽因俯瞰康奈尔大学著名的建筑布局，不禁在信中发出赞叹：这里山清水秀，美如仙境。

正是从这个夏天起，中国建筑的历史研究史将要在这一对年轻伉俪手中重谋布局、开启新篇。

第四章　同来攀动那根希望的弦

1. 留学生涯

宾夕法尼亚大学在美国宾州费城。费城是美国第四、宾州第一大城市，美国两次大陆会议在此召开并宣读了《独立宣言》。宾大是美国著名的私立研究型大学，八所常青藤盟校之一。由美国著名科学家和政治家、《独立宣言》起草人之一——富兰克林创办于1740年，是美国第四所老牌高等教育机构，以及美国第一所现代意义上的大学。

100多年前，建筑教育的核心理念是被建筑界称作"布扎艺术"的法国巴黎古典美术主义，一些法国建筑大师纷纷被美国大学引入。拥有保罗·克瑞、斯敦·凡尔特的宾大建筑系在美国建筑教育领域声名显赫。保罗·克瑞早年才华横溢，除了研究建筑设计和各式结构，也深入研究建筑史和如何画出简洁漂亮的透视图，甚至连艺术字体的设计也别具风格。因为保罗·克瑞举足轻重的学术地位，宾大建筑系吸引了大批来自中国的留学生。

来到宾大后，梁思成和陈植注册了建筑系，林徽因只能先去美术系注册。

热爱是最好的驱动力，倔强的林徽因在完成本专业课业之余，从第一年起就开始跟梁思成学习建筑专业所有的课程。大学档案还显示，从1926学年春季班开始，林徽因已经是建筑设计教授的助理，而下个学期又当上了建筑设计课的辅导员。她是怎么办到的？没有人知道。

可以查到的是，林徽因和梁思成的成绩单上有很多"D"。"D"在今天是很差的成绩，在20世纪20年代却代表最高的成绩（D即Distinguish杰出）。建筑系讲师夸奖他俩的建筑图作业简直"无懈可击"。

巴黎古典主义教育以基本功训练严苛著称。

典型的习作，是以适当的风格完成一座未完成的教堂设计；以原历史背景重新设计凯旋门，但又不能背离当时的环境；或修复毁损的建筑物。

梁思成和林徽因频繁去观看各种展览会，展览会上那些获罗马奖的学生作品，是按比例缩小的罗马建筑图样，对他们的提升非常有用。在宾夕法尼亚大学的最后一年，梁思成开始全面研究意大利文艺复兴时期的建筑。从比较草图、平面图、立面以及建筑特色入手，追溯建筑的变迁。这种训练对他的成长具有催发性贡献，极其重要。

当时的学生生活非常紧张，全凭建筑设计课的优劣高低，定分、定级，因此同学们都十分刻苦。他们上午上课，下午做作业，晚上还要绘图，每周上课时间将近40个小时，如果加上建筑系学生大量的绘图作业，每周学业时间将近60个小时。古典绘画技巧需要学生们反复研习，画渲染画时一次水彩渲染无法完成，必须重复渲染五次到十次才行。这种练习反反复复不厌其烦，教授不断发出指令，有时还需要在短短几小时内完成一些设计作业。这样的习作充满了趣味与挑战，梁思成、林徽因、陈植，三个好朋友在绘图室为之沉迷，常常因全情投入而废寝忘食。有时候，画图画到深夜，回到宿舍饿极了，只能喝凉水来充饥。

基于"学院派"体系的宾大建筑系，要求学生们掌握希腊、罗马直至文艺复兴时期的西方古典建筑式样，并将之作为"古代千百年来工匠逐渐改善的、成熟的艺术和技术创作"，应用于课程设计乃至实践中去。陈植回忆说：

> 在宾大，担任思成兄与我的建筑设计导师斯敦·凡尔特教授曾获巴黎奖，在巴黎美术学院深造。思成兄就学期间全力以赴，好学不倦给我以深刻印象。我们常在交图前夕彻夜绘图或渲染，他是精益求精，我则在弥补因经常欣赏歌剧和交响乐而失去的时间。在当时"现代古典"之风盛行的影响下，思成兄在建筑设计方面鲜落窠臼，成绩斐然，几次评为一级。他的设计构图简洁，朴实无华，但亦曾尝试将建筑与雕塑相结合，以巨型浮雕使大幅墙面增添风韵。他的渲染，水墨清澈，偶用水彩，则色泽淡雅，明净脱俗。[1]

满脑子是创意的林徽因常常灵光闪现，不断有新奇的

1　《陈植——世纪人生》，娄承浩、陶祎珺编著，同济大学出版社2013年版，第50页。

点子出现，她总在一边画一边又产生新的想法，往往不断地画这个想法、不断地舍弃掉上一个想法。由于忙着捕捉那些不同的灵感，等到快要交作业时，只见那些"灵感"横七竖八地趴在桌子上，所有的东西都是半成品。这时候林徽因才开始手忙脚乱，却不知从何下手。因为到这时再重新好好踏实下来画已经来不及了。这时候，梁思成不慌不忙地把那些乱七八糟的草图拿过来，经一双巧手略加修改，一张张漂亮简洁的优秀作品就诞生了。他俩的迥异个性在此时暴露无遗，一个思维活跃，一个沉稳机巧。两种性格看似矛盾，实则取长补短，配合默契。

梁思成来到美国学习建筑，起初他并没有意识到他日后要成为一名建筑师和建筑史学家的使命。

梁思成从小养成的扎实刻苦的作风，使他具备了成为优秀建筑师的基本功训练。在学习西方建筑史时，他赫然发现，在国外建筑史已经成为成熟体系的环境下，中国建筑史居然仍是一片空白。这促使他将目光转向了学术方向。曾经有很长一段时间，他觉得自己的重大使命应该是整理出一套属于中国人自己的建筑史。

活跃的林徽因学习建筑的梦想则通过一份 1926 年的《蒙大拿报》对她的访问可以窥知。

文章标题是《中国女孩致力拯救祖国艺术》（Chinese Girl Dedicates Self To Save Art Of Her Country）。

她在绘图室临窗的一张椅子上坐下，身子倚着绘图桌，窗外望去是校园的一条小径，她那娇小的身影弯下腰画那巨大的建筑图。每次三十张到四十张图一起挂在巨大的评分室墙上时，她总是得很高的奖赏。这样说并非捕风捉影，因为她的作业总是得到最高分数，偶或拿第二。她文文静静，幽默而谦逊，从不把自己的好成绩挂在嘴边。

我曾跟着父亲走遍了欧洲。旅途中，我第一次有了学习建筑的梦想。现代西方的古典建筑启发了我，我有想带一些回国的欲望。我们需要一种能使建筑数百年不朽的好建筑理论。

这位中国女孩告诉记者，等我回到中国，我要带回什么是东西方碰撞的真正含义。令人沮丧的是，在所谓的"和世界接轨"的口号下，我们自己国家独创的原创艺术正在被践踏。应该有一场运动，去向中国人展示，西方人在艺术、文学、音乐、戏剧上的成就，但是绝不是要以此去取代我们自己的东西。[1]

采访的最后，林徽因说，在中国，一个女孩的价值最多体现在家庭中，我崇敬这里的民主精神。

梁思成、林徽因、陈植等中国留学生都取得过各种

1　费慰梅：《林徽因与梁思成》，成寒译，法律出版社2014年版，第34页。

设计竞赛的奖项，使那些美国本土学生对这批中国学子刮目相看。陈植在回忆宾大求学时的诸多闪光点时，总会兴奋又自豪地说："在美国学生中流传有两句口头语：一曰Damn Clever these Chinese（这些中国人真棒）！二曰Chinese Contingent（这是中国小分队）。"

2.接连的伤逝

梁思成的生母李蕙仙在1915年冬天被查出患乳腺癌。几年来，多方求治，做过两次手术都没有根除。梁思成出国时，母亲的病处于时好时坏的状态，那年夏天，家人已经意识到病情不乐观。梁启超本打算召思成回国以尽最后的孝道。可惜信还没有抵达美国，9月13日梁思成母亲既已撒手人寰。

李蕙仙嫁到梁家也保持了勤奋好学的家风。据她的女儿回忆，李蕙仙每天吃完饭后都会坚持念英文，非常认真地高声朗读中西女中的英文课文。患病后每天读报、写字，有时打打麻将。

李蕙仙生前极力反对梁思成与林徽因在一起。即使母亲不在了，大姐思顺仍经常与林徽因发生争吵。同在美国留学的弟弟思永，则站在徽因一边。频繁的交往胜过片言只语的武断判定，梁思永通过观察林徽因的言行举止，已经打心里认定林徽因一定会成为一个好"嫂嫂"。

紧接着一年后，林徽因的父亲林长民不幸殒命东北。1925年11月，奉系将领郭松龄向全国发表《反奉通电》，将原奉军第三方面军改称东北国民军，宣告起兵。郭松龄反对张作霖军阀专权，要求张作霖下野，力主消除军阀混战，实现民主政治。郭松龄将林长民请到军中辅佐自己。林长民投身其中，为其出谋划策，奔走壮势。但郭松龄很快战败，逃亡途中，受到奉军王永清部袭击。与郭松龄一起逃亡的林长民被流弹击中受伤，被王永清部误认作日本人，活活烧死，时年仅49岁。

接到消息的梁启超赶忙写信给梁思成：

我有些话切实嘱咐你。

第一，你要自己十分镇静，不可因刺激太剧，致伤自己的身体。因为一年以来，我对于你的身体，始终没有放心，直到你到阿图和后，姊姊来信，我才算没有什么挂虑。现在又要挂虑起来了，你不要令万里外的老父为着你寝食不宁，这是第一层。徽音遭此惨痛，唯一的伴侣，唯一的安慰，就只靠你。你要自己镇静着，才能安慰他，这是第二层。

第二，这种消息，谅来瞒不过徽音。万一不幸，消息若确，我也无法用别的话解劝她，但你可以传我的话告诉她：我和林叔叔的关系，她是知道的，林叔的女儿，就是我的女儿，何况更加以你们两个的关系。我从今以后，把她和思庄一样的看待她，在无可慰藉之中，我愿意她领受我这种十二分的同情，度过她目前的苦境。她要鼓起勇气，发挥她的天才，完成她的学问，将来和你共同努力，替中国艺术界有点贡献，才不愧为林叔叔的好孩子。这些话你要用尽你的力量来开解她。

人之生也，与忧患俱来，知其无可奈何，而安之若命。你们都知道我是感情最强烈的人，但经过若干时候之后，总能拿出理性来镇住它，所以我不致受感情牵动，糟蹋我的身子，妨害我的事业。这一点你们虽然不容易学到，但不可不努力学学。

徽音留学总要以和你同时归国为度。学费不成问题，只算我多一个女儿在外留学便了，你们更不必因此着急。[1]

"知己"一样的父亲、温文重情的父亲、才华四溢的父亲去世了，林徽因心如刀割，只想尽快回国，作为长女尽孝，作为长姐照顾一群弟弟妹妹。梁启超接连不断写信安抚，劝阻徽因先完成学业再说。思成日夜陪伴在徽因身边，密切关注着她的心情起伏变化，用温暖的手给她擦去眼泪，以坚实的臂膀给她依靠，以切切的细语给她开解。

1　梁启超：《与思成书》，见梁启超著：《梁启超家书》，中州古籍出版社 2016 年版，第 141 页。

徐志摩《伤双栝老人》充满深情地追问道：

> 最可怜的是远在海外的徽徽，她，你曾经对我
> 说，是你唯一的知己；你，她也曾对我说，是她唯
> 一的知己。你们这父女不是寻常的父女。……徽，
> 不用说，一生崇拜的就只你，她一生理想的计划中，
> 哪件事离了聪明不让她自己的老父？但如今，说也
> 可怜，一切都成了梦幻，隔着这万里途程，她那弱
> 小的心灵如何载得起这奇重的哀惨！这终天的缺陷，
> 叫她问谁补去？佑着她吧，你不昧的阴灵，宗孟先生，
> 给她健康，给她幸福，尤其给她艺术的灵术——

胡适在《四十自述》里不无遗憾地惋惜道：

> 最可悲的一个例子是林长民先生，他答应了写
> 他的五十自述作他五十岁生日的纪念；到了生日那
> 一天，他对我说："适之，今年实在太忙了，自述
> 写不成了；明年生日我一定补写出来。"不幸他庆
> 祝了五十岁的生日之后，不上半年，他就死在郭松
> 龄的战役里，他那富于浪漫意味的一生就成了一部
> 人间永不能读的逸书了！

两年的时间，思成和徽因经历了人生至痛。最亲的亲

人去世，他们却在海外鞭长莫及。这种锥心之痛只有他们彼此才能了解。接连的打击使两个人在患难中结下了相依为命的情义。当那些痛苦不经意间浮现，徽因和思成是彼此最恰当的倾诉对象。他们一起伤心，共同流泪，生命沉甸甸的分量他们承受住了。经过痛苦洗涤后的灵魂，才懂得生命的真实含义，他们相扶持着站立起来，决心不被生活压倒，不向命运低头。他们的未来还长着呢。

3. 循循善诱

上大学的头一年，徽因和思成之间经历了一段剧烈的感情挣扎。远离祖国，身在异国他乡，林徽因像自由的鸟雀张开翅膀，不再为中国的世俗礼教束缚，对知识的热切渴求，对艺术的无羁沉醉，对性格的开缚解放，使她无拘无束地成长为一个开放、独立、自信、热情的人。

美丽活泼的林徽因和幽默好动的陈植个性越来越西化，与美国学生眼里"刻板、死硬"的中国学生印象完全不同。

陈植不仅是梁思成的好友，因为同样活泼外向的性格使他与林徽因也结下了深挚的友情。三个人除了经常去博物馆，还经常去郊外散步。时间充裕时就乘车去蒙哥马利、切斯特、葛底斯堡等郊县，去看一看福谷和白兰地韦恩战场、拉德诺狩猎场和长木公园。林徽因和梁思成总是对各种各样的建筑、桥廊看个没够。而陈植则往往为田野山风所沉醉。

在郊外童话般热闹的集市上，民间匠人的小工艺会让徽因为之着迷。

目标明确的梁思成把更多的时间花在用功学习上，尽管他也热爱音乐，但是他没有办法像陈植那样任由自己花费时间去看歌剧。他的本性也有诙谐幽默的一面，但是他也不愿意花太多时间在人际交往上。梁思成以天然的紧迫感促使自己在这个自由的国度里，尽量多地汲取更多的知识。而林徽因也在享受充分的美国式的自由，她在男女同学那里受到的欢迎程度令人陶醉。在梁思成的心目中，林徽因是他的"未婚妻"，由于爱她，他有责任管她。林徽因觉得自己是一个独立的人，对这种约束往往以不满来回应。

林徽因童年时期所受到的伤害，深深隐藏在她的内心深处。她忘不了母亲责骂她折磨她仅仅是为了引起父亲关注的悲哀。母亲在父亲面前已经低到了尘埃里，可是就算母亲卑微的爱在尘埃里开出花，父亲仍是不屑多看一眼。女人不应该是男人的附属品，自由平等的男女关系才配称为真正的爱情。林徽因对梁思成的这种"管束"嗤之以鼻。如果他真的爱她，他们之间就该拥有百分百的信任与理解。

梁思成的心情是矛盾的。林徽因渴望被关注，渴望成为焦点，这种渴望意味着他人对她的才华的认可和钦佩。每当这个时候，林徽因是快乐的、满足的、享受的。梁思成明白，这种光环需求来源于不幸的童年。但梁思成又忍不住要帮林徽因在社交场上学会进退，懂得适可而止。梁思成不认为这是干涉林徽因的自由，尽管表面看上去似乎是"管束"。

两个身处异国他乡的孩子总是为同一个问题吵吵嚷嚷。

梁启超把这种相互斗争的情况，用强烈的措辞描绘给大姐思顺听："今年思成和徽因已在佛家的地狱里待了好几个月。他们要闯过刀山剑林，这种人间地狱比真正地狱里的十三拷问室还要可怕。但是如果能改过自新，惩罚之后便是天堂。"他又评道："其实我们大家都是在不断再生的循环之中。我们谁也不知道自己一生中要经过几次天堂和几次地狱。"

当然，除了儿女之间感情的长长短短，梁思成和林徽因的主题仍然是学业。

林长民不在了，梁启超担负起了两方家长的责任。他在密集的书信来往中不断开导两个孩子，希望他们尽快成长起来，尽可能优秀地完成学业。

梁思成在学习上始终保持严谨认真、一丝不苟，大量的绘图作业怎么画都画不到尽头。当梁思成抱怨整天画图，觉得自己几乎要变成呆板的画匠时，梁启超却来信欣慰地赞扬他，如果有这种感觉恰恰说明短期内要进步了。智慧超群的父亲娓娓道来学习与天才的关系，就像孟子所说："能与人规矩，不能使人巧。"但凡学校教的和学生能学到的都是规矩方面的事情。想要变得"巧"，必须要日后离开学校才能发现。规矩是通往灵巧的一种工具，规矩熟练了就会越变越巧。即便是永远也不能变巧的人，单纯依照规矩做事情总不至于有什么大的过失。现在需要做的是，必须每天遵照教授的指示好好用功，因为天赋怎么样，现在完全看不出来，目前还没有自由发挥自己性灵的余地。

还有一个道理，花费两三年的时间在一间小小的画图室里，很多潜能是发挥不出来的。等到学成之后投身广阔的天地，扩大眼界，才能知道自己究竟具备多大的天分。现在在学校里要把该学的规范性知识学牢靠学扎实，这个过程不管是不是天才都要经历。千万不要在这个时候生出厌倦的情绪，一旦厌倦很快带来退步。坚持下去，尽最大的能力，只要尽力了，管他将来会有什么样的成就，想都没必要想。

梁思成和林徽因不断地跟这位感情丰富的父亲保持着所见所闻的交流。除建筑设计外，梁思成向来对建筑史及古典装饰饶有兴趣，课余常在图书馆翻资料、做笔记、临插图。在掩卷之余，发思古之幽情。宾大的博物馆与建筑系近在咫尺，藏有我国古代铜、陶、瓷等文物，其中最令人感叹的是，唐太宗陵墓的六骏之一，竟被倒卖而存于异邦的博物馆。梁启超收到思成和徽因的汇报，立刻回复："思成看到许多本国古代美术，真是眼福，令我羡慕不已，昭陵石马怎么会已经流到美国去，真令我大惊！若在别国，新闻纸不知若何鼓噪。在我们国里，连我怎么一个人，若非接你信，还连影子都不晓得呢？可叹，可叹！"

在写给孩子们的每封家书中，梁启超都寄托着深深的父爱，和孩子们分享他们海外求学的见闻，同时，在孩子们面临事业选择、感情波折、人生困顿之时，他都会最及时地将自己的人生感悟，用最恰当的方式传递给孩子。四个孩子远在国外，洋溢着父爱的信不断地飞到大洋的对岸，梁启超几乎每封信的结尾都要提到的老 Baby，指的是梁启超最小的儿子梁思礼。身边的大孩子们纷纷留学海外时，小儿子成为梁启超生活中的重要陪伴。梁思礼是我国著名的火箭控制系统专家，也是梁家九个子女中的第三位院士。

上一封信教导梁思成要沉下心练好基本功，下一封信又担心梁思成沉溺于绘图的理性世界不可自拔。父亲话锋一转，预先给他打上预防针：关于思成学业，我有点意见，思成所学太专门了，我愿意你趁毕业后一两年，分出点光阴多学点常识，选一两样关于自己娱乐的学问，如音乐、文学、美术等。我怕你因所学太专门之故，把生活也弄成近于单调，太单调的生活，容易厌倦，厌倦即为苦恼。

当梁思成和林徽因在大洋彼岸留学的时候，他们的父亲梁启超正步入学术生涯的巅峰。

1927 年，梁思成与林徽因双双从宾夕法尼亚大学毕业。梁思成在 2 月拿到建筑学士学位，7 月得到硕士学位。林徽因在 2 月以高分得到美术学士学位，四年学业三年完成。同行好友陈植取得学士学位后留校转入研究生院继续深造。

尽管已经完成学业，梁思成和林徽因还想在美国再待上几个月，学会怎样教书。梁思成没有忘记成为一名建筑史学者的理想，在美国浩瀚的知识海洋中，他要攫取到对自己有用的那一支，他要趁这个机会了解中国建筑这些年来西方都有哪些著述。

1927年9月他离开费城，以"研究东方建筑"为理由申请前往哈佛大学人文学院学习。他踌躇满志，希望在回国前系统掌握此前国外学者已经在这个领域取得的研究成果。哈佛录取了他。1927年9月，来到马萨诸塞州的坎布里奇。

从小对戏剧心存向往的林徽因则选择了距离哈佛大学近两百公里的耶鲁大学艺术学院，师从当时赫赫有名的戏剧舞台大师贝克教授学习舞台布景艺术。据说，这是中国第一位在国外学习舞台设计的学生。

4. 惊世骇俗的婚恋

1922年徐志摩与张幼仪离婚曾引起一片舆论哗然，被社会各界严厉批评。一心追求"美与爱与自由"的诗人依然坚持着自己的"单纯信仰"。1926年10月3日，徐志摩顶着巨大的社会压力，冒天下之大不韪在北海公园大宴宾客，与陆小曼结成夫妻。

这段家庭和社会都不予谅解的爱恋在社会上引起了一场轩然大波。

陆小曼出生在上海，从小娇生惯养，略有才情，精通英文、法文，会画画、爱唱戏、擅跳舞，是北平著名的交际花。

"中外男宾，固然为之倾倒，就是中外女宾，好像看见了她也目眩神迷，欲与一言以为快。"

陆小曼19岁时嫁给王赓。王赓后来做了哈尔滨警察厅长，陆小曼却留在北京父母家。趁王赓不在身边，追求陆小曼的人不乏几位名流，其中以徐志摩最为热烈。两人曾在一起拍戏《春香闹学》，徐志摩饰老学究，陆小曼饰丫鬟，虽然曲终人散，两人却春情暗渡，双双坠入爱河不能自拔。

王赓与徐志摩本来是朋友，因为自己常常不在身边，便拜托徐志摩常来陪伴陆小曼。没想到两个人却因此日久生情。来自朋友和妻子的双重背叛使王赓恼羞成怒，他拔出手枪指着小曼，让她坦白。枪口之下的陆小曼索性豁出一切趁机提出离婚。经过一番斡旋，陆小曼终于恢复自由身。

徐志摩那边，父亲徐申如还在为上一桩离婚的事愤恨难平。徐志摩提出与陆小曼结婚，当即遭到了徐父的反对。为此，胡适作为徐志摩好友，经不起徐志摩的一再央求，只好亲自跑去硖石，向徐志摩父亲求情。

徐父提出三个条件：一、必须亲耳听到张幼仪亲口承认离婚，并不反对徐志摩、陆小曼结婚才能同意；二、婚礼必须由胡适做介绍人；三、梁启超证婚，否则不予承认。

张幼仪平静地表示"不反对"徐志摩和陆小曼的婚事，徐父才吐口此事。同时，徐家父母申明将名下财产分为三份，老爷太太一份、志摩和小曼一份、阿欢和幼仪一份。

徐志摩与陆小曼结婚，张幼仪的八弟张嘉铸（字禹九）盛装出席。梁启超担任证婚人。原本的证婚人是胡适。胡适以怕太太著名，他的太太认为他撮合徐志摩、陆小曼的婚事相当不光彩，每每因此咒骂胡适。那么，证婚人除了徐志摩的恩师没有人能当得起。

婚礼上，梁启超霍然站起，宣讲了有史以来"最坦诚、最直率、最另类"的证婚词：

"我来是为了讲几句不中听的话，好让社会上知道这样的恶例不足取法，更不值得鼓励——

徐志摩，你这个人性情浮躁，以至于学无所成，做学问不成，做人更是失败，你离婚再娶就是用情不专的证明！

陆小曼，你和徐志摩都是过来人，我希望从今以后你能恪遵妇道，检讨自己的个性和行为，离婚再婚都是你们性格的过失所造成的，希望你们不要一错再错自误误人。

不要以自私自利作为行事的准则，不要以荒唐和享乐作为人生追求的目的，不要再把婚姻当作是儿戏，以为高兴可以结婚，不高兴可以离婚，让父母汗颜，让朋友不齿，让社会看笑话！

总之，我希望这是你们两个人这一辈子最后一次结婚！"

这番"证婚词"字字惊心，每一个字都敲击在徐志摩和陆小曼的心坎上，令新人及满堂宾客无一不失色！

证婚词扣住了两位新人的"软肋"，评人论事可谓入木三分，不仅袒露了梁启超刚耿的为人和直率的性格，也表明了梁启超这位近代大儒对婚姻生活的态度！

梁启超对于徐志摩的任性婚恋非常不赞成，在《给孩子们的信（1926 年 10 月 4 日）》里，坦言道：

孩子们：

我昨天做了一件极不愿意做之事，去替徐志摩证婚。他的新妇是王受庆夫人，与志摩恋爱上，才和受庆离婚，实在是不道德至极。我屡次告诫志摩而无效。胡适、张彭春苦苦为他说情，到底以姑息志摩之故，卒徇其请。我在礼堂演说一篇训词，大大教训一番，新人及满堂宾客无一不失色，此恐是中外古今所未闻之婚礼矣。今把训词稿子寄给你们一看。青年为感情冲动，不能节制，任意决破礼防的罗网，其实乃是自投苦恼的罗网，真是可痛，真是可怜。徐志摩这个人其实聪明，我爱他不过，此次看着他陷于灭顶，还想救他出来，我也有一番苦心。老朋友们对于他这番举动无不深恶痛绝，我想他若从此见摈于社会，固然自作自受，无可怨恨，但觉得这个人太可惜了，或者竟弄到自杀。我又看着他找得这样一个人做伴侣，怕他将来苦痛更无限，所以想对于那个人当头一棒，盼望他能有觉悟（但恐甚难），免得将来把志摩累死，但恐不过是我极痴的婆心"老婆心，慈悲心"便了。闻张歆海近来也很堕落，日日只想做官，志摩却是很高洁，只是发了恋爱狂——变态心理——变态心理的犯罪。此外还有许多招物议之处，我也不愿多讲了。品性上不曾经过严格的训练，真是可怕。我因昨日的感触，专写这一封信给思成、徽音、思忠们看看。

这场婚礼因梁启超的一骂旷古绝今，后来徐志摩红着脸向老师告饶，请老师给学生留一点颜面后，梁启超才作罢。

未料梁启超一语成谶，徐志摩为了满足陆小曼挥霍无度的生活疲于奔波，果然在几年后"累死"了。

第五章　灯盏上开着血印的花 [1]

从1918年到1928年，漫长的十年算起来已经相当长了。这十年里，梁思成和林徽因经历过了初次相识、建立友谊、互相了解、彼此爱慕，其间不断有各种插曲，也经历了彼此性格的磨合、感情的磨砺、波折的考验。

林长民曾主张最迟要在1922年为这对年轻人订婚，梁启超则认为四五年后较为合适。1925年林长民不幸身亡。林徽因断了经济来源，急切地想回国照顾家庭自谋独立。尽管家里经济拮据，只能动用股票利息解难，梁启超还是马上去信告诉梁思成："徽因留学总要以和你同时归国为度。学费不成问题，只算我多一个女儿在外留学便是了。"从这时起，梁启超已经将林徽因纳入家庭成员中相待。

留学期间，追求林徽因的人如过江之鲫，只有梁思成具备得天独厚的优势，因为他们出国前就已经有了一定的感情基础，出国后又"志同道合"，还有一批同在美国留学的亲友团助阵，除了好友陈植相助，梁思成的三弟梁思永在哈佛大学考古系，四弟梁思忠在西点军校，妹妹梁思庄在加拿大麦基尔大学文学系，时常来美国为哥哥鼓劲。

1　林徽因：《年关》，《大公报·文艺副刊》1934年2月21日。

梁思成既信心百倍又耐心十足。

每次约会梁思成都要在女生宿舍楼下等林徽因打扮好下楼来。林徽因每次都要额外花费二三十分钟。思永打趣道："林小姐千妆万扮始出来，梁公子一等再等终成配。"横批："诚心诚意。"

远在海外的孩子们正欲展翅高飞。国内父亲的身体却正经历病痛折磨。梁启超早些时候已经发现小便里有血丝。1926 年到协和医院接受肾切除手术。因为"协和为东方设备最完全之医院，余即信任之，不必多疑"。可是，正是他"信任"的协和医院毁掉了他真正的健康和生命。肾切除手术由协和著名的刘博士进行，梁启超被推进手术室时，值班护士用碘在肚皮上标出位置，结果标错了位置。刘博士既没有核对挂在手术台旁的 X 光片，也没有在手术时进行仔细观察。梁启超健康的右肾被切除，留下了坏掉的左肾。尽管这个悲惨的错误在手术之后马上被发现了，因为这件事关乎协和的声誉，于是被作为"最高机密"封存起来。

手术后的梁启超仍然常常便血，远在彼岸的父亲已经卧病在床，却仍怀着对子女热切的爱，帮助他们规划人生大事，包括归国后的职业安排、修学完毕后的见习考察建议，最主要的，是希望他们尽快完婚。

在父亲强撑着病体的遥控指挥下，一场"极庄严，极美丽，在不丰不俭之间"的跨国婚礼足足经过半年的时间终于完成。

1. "思成梁启超"

1927 年初梁思成、林徽因在宾大毕业后，梁启超在 5 月 26 日即写信询问他们的结婚打算。8 月 29 日信中决定"先在国内举行庄重的聘礼，大约须在北京，林家由徽的姑丈们代行"。12 月 5 日信中替他们出主意："最好是在阿图和（渥太华）办婚礼，婚礼即在那边最大的礼拜堂里举行。林叔叔本是基督教信徒，我虽不喜教会，但对于基督当然是崇拜的。既然对于宗教没有什么界限，而又当中国婚礼没有什么满意的仪式的时候，你们用庄严的基教婚仪有何不可呢？一面希哲夫妇（梁思顺夫妇）用'中国之家代表'的资格参列，来请上该地方官长和各国外交官来观礼，也很够隆重的了。你们若定了采用这办法，可先把日期择定，即刻写信回来（或怕赶不上则电告），到那天我和徽音的娘当各有电报给你们贺喜并训勉，岂不是已经相当的热闹和郑重了吗？"

梁启超对长子给予很高的厚望与肯定，他在信中郑重告知："有一件事要告诉你们，你们若在教堂行礼，思成的名字便用我的全名，用外国习惯叫作'思成梁启超'，表示你以长子资格继承我全部人格和名誉。"

梁家请的大宾是林宰平先生，林家请的是江翊云先生或陈忠恕先生。庚帖是两家公请卓君庸先生书写。"因为他堂上具庆，夫妇齐眉，字又写得极好，合适极了。"

12月12日梁启超欢快地通知孩子们："这几天家里忙着为思成行文定礼，已定本月十八日（阳历）在京寓举行。日子是王姨托人择定的。……因婚礼十有八九是在美举行，所以此次文定礼特别庄严慎重些。晨起谒祖告聘，男女两家皆用全帖遍拜长亲，午间宴大宾，晚间家族欢宴。……今将告庙文写寄，可由思成保藏之作纪念。……聘物我家用玉佩两方，一红一绿，林家初时拟用一玉印，后闻我家用双佩，他家也用双印，但因刻玉好手难得，故暂且不刻，完其太璞。礼毕拟将两家聘物汇寄坎京，备结婚时佩戴，惟物品太贵重，深恐失落。届时当与邮局及海关交涉，看能否确实担保，若不能，即仍留两家家长处，结婚后归来，乃授与保存。"

12月18日慈爱的父亲满怀欣慰地给思成写信："这几天为你们聘礼，我精神上非常愉快，你想从抱在怀里的'小不点点'，（是经过千灾百难的），一个孩子盘到成人，品性学问都还算有出息，眼看着就要缔结美满的婚姻，而且不久就要返国，回到我的怀里，如何不高兴呢？"

1928年2月13日远隔重洋的父亲不禁再次催问："思成、徽因婚礼的事，定了没有？我希望还是依我前头几封信那样办……"

1928年3月21日，梁思成和林徽因的婚礼在中国驻加拿大领事馆举行，当时梁思顺的先生周希哲在加拿大做总领事，这也就是大姐梁思顺家的客厅。"当时客厅餐桌上铺着桌布，摆满各式各样的点心，家里来了许多人，我们几个小孩都被赶上楼去，不许下来，允许我们下来时宾客们都已散去，我只记得喝鸡尾酒。"[1]

他们没有选择在教堂举行，而是以更东方、更温馨的方式举行了中西结合的婚礼。林徽因不喜欢西方式的白色婚纱。在国外买不到中式礼服，她就以构思舞台服装的想象力自己动手设计制作了一套"凤冠霞帔"。美丽的新娘身着这套"东方式"的结婚礼服光彩照人，被一位当地新闻记者刊登在当地报纸上引起了轰动。

新婚夫妇之所以选择在这天举行婚礼，是因为3月21日是宋代为李诚立的碑刻上唯一的日期，他们选择这个日子，是为了纪念这位伟大的前辈建筑学家。他们从立志学建筑时，就已经决定用生命来诠释建筑学，他们人生中的重大事件由此与建筑学息息相关。此后，他们也给自己的儿子取名梁从诫，以纪念李诫。

收到消息后，梁启超高兴地立刻给新婚夫妇写信："思成和你们姊姊报告结婚情形的信，都收到了，一家的冢嗣'嫡长子'，成此大礼，老人欣悦情怀可想而知。尤其令我喜欢者，我以素来偏爱女孩之人，今又添了一位法律上的女儿，其可爱与我原有的女儿们相等，真是我全生涯中极愉快的

1　吴荔明：《梁启超和他的儿女们》，北京大学出版社2016年4月版，第144页。

第五章　灯盏上开着血印的花

一件事。……你们结婚后，我有两件新希望：头一件你们俩身体底子都不甚好，希望因生理变化作用，在将来健康上开一新纪元。第二件你们俩从前都有小孩子脾气，爱吵嘴，现在完全成人了，希望全变成大人样子，处处互相体贴，造成终身和睦安乐的基础。这两种希望，我想总能达到的。近来成绩如何，我盼望在没有和你们见面之前，先得着满意的报告。"

之后，梁启超的健康出现波动，两个月没有动笔写信。5月5日爱子之情跃然纸上："婚礼照片今日收到，阖家争观，皆大欢喜。新郎新妇皆光彩动人，思成自照一片，丰腴俊秀，尤令我观之不厌。"

虽然继承了父亲人格的长子已经结婚成人，睿智达观的父亲仍不仅关注着年轻孩子的一举一动，同时在病中还在为他们的学业发展不停地出谋划策。婚礼一完成，一对新人便启程到欧洲度蜜月，这不是简单的蜜月旅行。对学习西方古典建筑学的梁思成和林徽因来说，这显然是一次对西方古典建筑发祥地的见习游历。

2.赴欧考察

"我替你们打算，到英国后折往瑞典、挪威一行，因北欧极有特色，市政亦极严整有新意，必须一往。新造之市，建筑上最有意思者为南美诸国，可惜力量不能供此游，次则北欧特可观。由是入德国，除几个古都市外，莱茵河畔著名堡垒最好能参观一二，回头折入瑞士看些天。然之美再入意大利，多耽搁些日子，把文艺复兴时代的美彻底研究了解。最后便回到法国，在马赛上船，到西班牙也好，刘子楷在那里当公使，招待极方便，中世及近世初期的欧洲文化实以西班牙为中心。中间最好能腾出点时间和金钱到土耳其一行，看看回教的建筑和美术，附带着替我看看土耳其革命后政治（替我）。关于这一点，最好能调查得一两部极简明的书（英文的）回来讲给我听听。"[1]

欧洲对林徽因来说是故地重游，可惜物是人非，精神导师一样的父亲已经不在了。如今陪伴她的，是生命中另外一个重要的男人。梁思成与林徽因的游历路线大致按梁启超的规划进行。他们差不多用了半年的时间在欧洲参观考察。这是他们夫妇第一次也是最后一次的欧洲之行。

这种考察学习源于布扎传统，成为"圣地之旅"（Grand Tour），是每一位建筑学专业学生所向往和力争的学习方式。

习惯于做出计划的梁思成每天规划好第二天行程，前一天晚上两个人会事先查阅资料，把要去看的建筑物的历

1　梁启超：《与思成书》，见《梁启超家书》，中州古籍出版社 2016 年版，第 253 页。

史、社会背景、建筑艺术特征，以及平面图、立面图、剖面图以至装饰细部反复阅读，第二天再去考察印证。

在英国伦敦，他们考察泰晤士河北岸的伦敦塔及其周围的建筑群。他们在伦敦遍访名胜古迹，观察和研究了不同风格、不同流派的各种建筑。

在法国巴黎他们饱览了凡尔赛宫宏伟博大的建筑群，在精美绝伦的宫殿中流连忘返。

意大利是一个古迹遍地的国度，他们漫步在罗马街头，饱览着目不暇接的宫殿、教堂、博物馆。在水城威尼斯又被奇异别致的建筑、纵横密布的水道、精巧优美的孔桥所吸引。

他们认真地写日记、照相、画素描，为他们今后在建筑史的教学和科研收集了大量珍贵的资料。他们从一个地方赶到另一个地方，想在有限的时间内把学过的东西尽量都看一遍。

关于这次蜜月旅行，林徽因留下的文字极少，后来曾经写过一篇散文《贡纳达之夜》，以纪念她在这个西班牙小城中的感受。还有就是20世纪40年代末的时候，林徽因和她的学生关肇邺谈起去西班牙参观阿尔罕布拉宫的情景。

阿尔罕布拉宫在西班牙格兰纳达的郊外。当梁思成、林徽因到达那里时，已是下午4点，等他们找到住处安顿好以后，已经是5点多了。开往阿尔罕布拉宫的末班车早开走了，为了早点看到这座在伊斯兰世界中保存得比较好的宫殿，他们决定雇一辆马车自己前往。可是到了那儿，宫门已经关闭。他们只好去求看门人放他们进去。管理人员看到这两个东方青年，自己包车专程前来，很是感动，就放他们进去参观。

阿尔罕布拉宫坐落在一个地势险要的小山上，外边是用红石砌成的围墙，沿墙有高高低低的方塔。整个宫殿以两个互相垂直的长方形殿堂组成，南北向的叫石榴院，东西向的叫狮子院，前一个比较肃穆，以朝觐仪式为主；后一个是后妃们住的，比较奢华。

阿尔罕布拉宫的殿堂及券廊上的壁面满覆着几何纹样和阿拉伯文字的图案，以蓝色为主，石榴院的殿堂间杂着金、黄和红色。

梁思成和林徽因在这空无一人的宫殿里尽情地欣赏着、赞叹着，最后他们告别了热心的管理员。当他们在月光下乘着马车赶回格兰纳达时，月光泻满大地，树影婆娑，回头向阿宫望去，蜿蜒的红墙上笼罩着蓝色的月光，飘散着淡淡的忧郁，不禁想到李后主的词：

　　　　四十年来家国，三千里地山河；
　　　　凤阁龙楼连霄汉，玉树琼枝作烟萝。
　　　　几曾识干戈？
　　　　一旦归为臣虏，沈腰潘鬓消磨。
　　　　最是仓皇辞庙日，教坊犹奏别离歌，
　　　　垂泪对宫娥。

对于欧洲之旅，父亲从"公私两宜"的角度，替他们设想："你们到欧洲以后，我希望你们做详细的日记。如果它有文学价值，我将把它编辑出版。"

梁思成和林徽因沿途行踪不断报告给梁启超，梁启超赞美从巴黎写来的信颇有文学趣味，迸溢在字里行间的文采令梁启超喜欢异常。梁启超由此希望新婚夫妇能够在蜜月考察之余将触动他们的美术、建筑、戏剧、音乐方面的所见画下来，所思记录下来。这些资料在将来能做成一部"审美的"游记就是一部中国空前的著述。这一次蜜月快游，充盈着许多温馨芳洁的爱感。梁思成和林徽因对此应该是有记录的。可惜回国后历经数次战乱，那些珍贵的记载不幸散佚。

虽然梁启超不主张他们乘火车横穿西伯利亚回国，"因为（由俄国来的）入境时青年男女极危险"。但是，父亲已经为儿子收下了工作聘书。新婚夫妇只能匆匆结束欧洲之旅赶回国内。从印度洋回国时间过于漫长，他们最终还是由西伯利亚回国。

林徽因和梁思成到莫斯科乘西伯利亚火车回国，在火车上，他们认识了美国朋友查理斯和蒙德里卡·查尔德夫妇，一路同行，经沈阳、大连、天津抵北平。

那是1928年初夏，从莫斯科出发的火车上梁思成夫妇与查理斯夫妇一见如故。梁思成与林徽因满载从美国带回来的满腹学识，正预备大展拳脚付诸实施。查理斯夫妇则被神秘的中国艺术所吸引，正由此踏上一段未知旅程。

火车颠簸前行，他们在沈阳停下来，查理斯夫妇惊奇地发现，"梁"这个姓氏有着巨大的奇迹，所到之处无不引来无数的打躬作揖。

在北京，梁思成和林徽因热情地带领查理斯夫妇游览胜景，参观私人住宅，还参加了一系列豪华宴会。

梁思成与林徽因回国后屡屡碰壁，他们面临的是混乱时局下官僚作风对建筑、戏剧的冷漠态度。但他们仍然下定决心要坚持！梁思成与林徽因充满信心地告诉查理斯夫妇就算遭受挫折，在一个变革的时代，从长远来说一切都会好起来的。梁思成与林徽因决心要找到自己的位置并把他们新的技能和创造力贡献给深爱的祖国。

3. 东北大学

在梁思成、林徽因游欧期间，梁启超已经在安排他们回国后的工作。梁启超说服了清华建立建筑系，聘请梁思成。梁思成宾大的学长杨廷宝则推荐他去东北大学就任建筑系主任。

经过衡量，梁启超认为清华太安逸，容易使人慵懒。东北大学有新兴之气的做派，由张学良亲自担任校长。当时张学良刚刚继任父职，东北在各方面表现出进取的精神，梁启超认为相比较而言东北有发展的希望，况且教学不影响梁思成继续研究建筑史做学问，还能在教学之余接一点设计的兼职工作以便赚钱养家。

梁思成车到沈阳时，比梁思成高两届的清华同学高惜冰已经在车站等候。高院长告诉他："建筑系已经招收了一班学生，但一个专业教师也没有，也不知道开些什么课，一切都等你来进行。"缺人、缺教材，梁思成知道自己一人之力不足，他需要一个团队。他把正在福州老家探亲的林徽因叫来，两个人开始着手创建建筑系。

宾大科班出身的他们，自然带着浓郁的宾大"学院派"影响。他们根据自己在美国所学到的知识进行教材编写，学科设置参照宾大，带着浓厚的古典主义色彩，教学模式亦仿照宾大。授课和做题、绘图全部使用英语。

第一学期梁思成主要教西方建筑史、中国建筑史，林徽因则任教建筑设计、美学、雕塑史和专业英语。

繁重的教学任务和创系之初的种种事务让两个人忙得不可开交。这时，梁思成想到了好友陈植，于是写信给他。陈植正在纽约建筑事务所实习，收到梁思成的求助信，他不惜放弃了游历欧洲考察的惯例，赶忙赶回国内赶赴东北大学，助思成一臂之力。之后童寯、蔡方荫也纷纷赶来助阵。东北大学建筑系进入首个兴旺期。

每个周末这些老同学都会到梁思成和林徽因家里喝茶、聊天，其间除了学识交流、社会新闻探讨、时局分析，少不了陈植和林徽因幽默逗趣讲笑话，他们仿佛又回到了宾大那些说说笑笑其乐融融的好时光。

到了第二学期，建筑系的教学实力显著提升，羽翼日渐丰满，建筑设计课由梁思成、林徽因、童寯、陈植担任，结构设计课由蔡方荫担任，暖气通风课由彭开煦担任，绘画写生由孔佩苍担任，教师队伍配备初具规模。他们还从欧美和日本购进一批古代和现代的建筑幻灯片，更为形象地为学生讲解建筑知识。

为了加强师生教学与实践结合的能力，让学生们能够有机会得到实战锻炼，梁思成、陈植、童寯、蔡方荫合作成立了"梁陈童蔡事务所"，林徽因以古建筑专家身份参与事务所工作，沈阳郊区的"萧何园"便是她与梁思成合作的作品。

事务所承接的吉林省立大学校舍总体规划和三层教学大楼的设计项目，在当时即打破陈规，引起了很大反响。整座大楼不高，却气派非凡，整体秉承中国传统的中轴对称理念，外立面采用大块花岗岩砌筑，楼顶和女儿墙加装石砌斗拱花纹，门柱则按中国传统样式，窗间墙做中国传统木结构八角形处理，是一座中西合璧、宏伟又别致的经典建筑。这座建筑后来被收进《中国现代美术全集》《中国建筑史图书》等权威著作中。1999年被列为吉林省重点文物保护单位，现在为东北电力学校校舍一部分。

东北大学改组后，校长张学良公开悬赏征求校歌和校徽。校歌最终选中了赵元任的歌词。校徽选中的是林徽因设计的图案，巍峨耸立的白山下流着滔滔黑水，提炼出了东北这片热土的独特情怀。林徽因凭这份设计得到了400元奖金。

在东北，梁思成和林徽因带领学生进行了初次野外考察。他们到乾东陵测量古建筑实物，发现之前在宾大学到的计量单位、测量方法并不完全适用于中国。他们在反复试验后，决定开创一套自己的测量方法，这为他们纵横中华大地大量的实地测量践行奠定了基础性的方法经验。

"九一八"事变后，眼见东北即将沦陷，林徽因产后虚弱结核病复发，只好回北京香山养病。中国营造学社正亟待筹措，梁思成决定接受邀请，到北京安家。陈植受邀南下上海开设建筑师事务所。东北大学建筑系交托给了童寯。

东北大学共招收了三届建筑系学生。时局恶化后，教授大多到了上海，时任系主任的童寯向陈植求援。陈植积极与大夏大学磋商，将三四年级学生安排进去借读。为了让流亡学生们完成学业，陈植不但自己义务授课，还拉上了事务所的合作伙伴赵深，历时两年。

谈起在东北那短暂的时日，林徽因说："当时东北时局不太稳定，各派势力在争夺地盘。一到晚上经常有土匪出没，他们多半从北部牧区下来。这种时候我们都不敢开灯，听着他们的马队在屋外奔驰而过，那气氛真是紧张。有时我们隔着窗子往外偷看，月光下土匪们骑着骏马，披着红色的斗篷，奔驰而过，倒也十分罗曼蒂克。"

她的学生刘致平却事后回忆，梁思成、林徽因两位先生在东北任教时，几乎每天都辅导学生到深夜。林徽因已经怀孕，过度的工作几乎把她累垮。这可不那么"罗曼蒂克"。

当中国第一届建筑系学生毕业时，梁思成以拳拳之情，代表林徽因，向他们写了一封热烈的祝贺信。那个"筚路蓝缕，以启山林"的时代，辛苦却有趣。梁思成与林徽因对待同学们事必躬亲唯恐不周密。看到东北大学第一班建筑学生毕业两人不禁百感交集。这是"国产"建筑师的始祖，他们亲手培育出来的学生将在祖国大地遍地开花。第一批学生如同他们的孩子，学的经验、授的经验都是新鲜的，这种探索尤其意义深远。对于梁思成与林徽因，这个"第一次"不过是他们富于开创性的职业生涯中的其中之一而已。

4. 功垂学史

1928 年新婚夫妇回到国内，梁启超非常欣慰。他满意地评价："新娘子非常大方，又非常亲热，不解作从前旧家庭虚伪的神容，又没有新时髦的讨厌习气，和我们家的孩子像同一个模型铸出来。"他不由得发出幸福的感叹"思成他们在家十几天真快乐"。

沉浸在团聚欢庆中的家人，全然没有意识到这位伟大的父亲正在走向生命的终点。

10月17日梁启超在给梁思成的最后一封信里，还在安慰梁思成，事务所没有进展千万不要着急，要安心教学，以余力做学问。他又在信里诉说自己多么想念思顺，还盼望着明年全家热热闹闹地去北戴河避暑。

到11月12日，梁启超已不能坐起。自此一病不起，于1929年1月19日去世。一向健康乐观的父亲突然离世，不仅对毫无心理准备的家庭是一个残酷的打击，对于他的同侪和追随者，以及深受他影响的读者都是无比深重的损失。

梁启超是一位"百科全书式的人物"，虽然逝世时只有56岁，但对今天的中国依然有着巨大的影响。在20世纪20年代风云变幻的中国，他以超人的智慧、广博的知识和卓越的远见，对儿女们进行言教和身教，对每个孩子的前途都有周密的考虑，不仅努力培养他们成为有学问的人，还要求他们成为有高尚品德、对社会有用的人，他的孩子们无一不在此教诲下培育成才。

他只活了短短的56岁，却是著述最多的一位学者，他的著作数量超过了在他之前的朱熹、王船山等人。他一生写下了1400余万字的著述，广涉政治、经济、教育、哲学、佛学、文学及新闻等各方面，为中华民族的文化宝库留下了一笔丰硕的遗产。他的思想、传统与现代交织，激进与稳健更替。他一生多变，常"以今日之我宣判昨日之我"，像一条激流，生命里从没有停滞和封冻，时时浪花飞溅，涛声如歌。梁家儿女是如此幸运，他们有这样一位至性至情的父亲，温暖，亲昵，充满仁爱和责任，他为儿女们留下了世间最宝贵的财富——人格的力量！

1929 年 2 月 17 日在北平公祭时，广惠寺内佛堂均为挽联、哀幢布满。到场的有清华大学研究院、香山慈幼院、松坡图书馆等团体代表，社会名流熊希龄、丁文江、胡适、袁同礼等，学生有杨鸿烈、汪震、蹇先艾、吴其昌、侯锷、谢国桢等共五百余人。

梁思成怎么也没有想到，自己做的第一件正式的设计作品，竟会是为心爱的父亲设计墓碑。半年后梁思成和林徽因的第一个孩子诞生，夫妇俩为女儿取名"再冰"，以纪念离别不久的祖父，来源于梁启超的书房命名"饮冰室"，他的著作称《饮冰室文集》。

第六章　反复地敲问心同心 [1]

"火炉一砌，老朋友的画就挂上了。"这是金岳霖在自己的哲学论文中对星期六碰头会的生动描述。

老朋友的画，说的是邓以蛰（字叔存）的画。邓以蛰不仅是美术鉴赏家，而且本身是位美术家，他能写能画，篆体字写得尤其好。他是中国现代美术的奠基人之一，曾任北京大学教授，与宗白华有"北宗南邓"之称。他是"两弹元勋"邓稼先的父亲。被金岳霖称赞为朋友中"最雅"的朋友。

星期六碰头会就是 20 世纪 30 年代享誉京华的著名沙龙，所谓"太太的客厅"。

从 1931 年梁思成和林徽因把家安在北平北总布胡同 3 号后，身边一群北大、清华、燕京大学的教授们常常来这里喝茶聊天，久而久之形成了习惯。经常参加聚会的除了主人梁思成、林徽因、金岳霖之外，有徐志摩、沈从文、张奚若、周培源、钱端升、陈岱孙、李济、陶孟和、叶公超、常书鸿等等，这些人无一不在所属学术领域峥嵘头角，各自在不同的学术领域中做着开拓和奠基性的工作。

1　林徽因：《过杨柳》，《大公报·文艺副刊》1936 年 11 月 1 日。

在这些聚会的老朋友中，还有一对特殊的、格外引人注意的外国友人，他们是梁思成与林徽因的毕生挚友费正清、费慰梅夫妇。费慰梅，是当时美国哈佛大学校长坎南博士的女儿。其时，费慰梅正为中国艺术所着迷，费正清则致力于从多层面多角度研究中国历史。

1931—1937 年是梁思成、林徽因夫妇生活最优裕的时期，也是他们精力最旺盛、抵达学术成就的巅峰时期。

回到北平熟悉的环境，他们在友情的滋养下身体慢慢恢复健康。论及职业选择，梁思成和林徽因都没有忘记在美国留学时，面对唯独中国建筑学既不被称为学科，更没有独属于自己的历史时的尴尬。他们从那时起，已经决定将建筑学、建筑史作为毕生的研究方向。

从东北回来后，他们接收了朱启钤的邀请，加入了中国营造学社。

1. 太太的客厅

北总布胡同 3 号是一个租来的两进小四合院，两个院子之间有廊子。院子里种着高大的马缨花和几株香气四溢的丁香花。热情的徐志摩牵线搭桥将金岳霖引荐给梁思成和林徽因。从此，金岳霖开始了毕生"逐梁而居"的生活。

前院住着梁思成一家，金岳霖单开一个小门，住在后院。朋友们有时在梁家、有时在金岳霖家。金岳霖因为在英国、美国留学形成的习惯，喜欢吃洋菜，为此还专门请了一个西式厨师。星期六聚会喝的咖啡、吃的冰激凌，都是厨师按照要求做出来的。

聚会的交谈内容有学术问题，也有政治和艺术。碰头时，大家总要先问问张奚若和陶孟和关于政治的情况，但是谈得最多的是建筑和字画，特别是山水画，邓以蛰带来的字画就是这样"挂了起来"。

来参加聚会的人，邓以蛰跟张奚若、陶孟和的方式不同，这两家都是夫妻一起参加。只有邓以蛰单独参加，因为他家仍然维持了男女分别活动的原则。

关于聚会的"聊天之意"，梁思成曾对他的学生李道增讲过："不要轻视聊天，学术上的聊天可以扩大你的知识视野，养成全面的文化气质，启发学识上的思路。聊天与听课或听学术报告不同，常常是没有正式发表的思想精华在进行交流，三言两语，直接表达了十几年的真实体会。许多科学上的新发现，最初的思想渊源是从聊天中得到启示，以后才逐渐酝酿出来的。英国剑桥七百年历史出了那么多大科学家，可能与他们保持非正规的聊天传统有一定的联系。不同学科的人常在一起喝酒、喝咖啡，自由地交换看法、想法。聊天之意不在求专精，而在求旁通。"

日后，梁思成创立清华建筑系后，将这股自由民主之风也带到了师生之中。梁思成平易近人，又很幽默诙谐。每当评图时，他都会鼓励学生畅所欲言，年轻人在他面前毫不拘谨，整个建筑系一派自由、舒畅。学生梁友松回忆："那时四个年级在一个大教室里，我觉得很有好处，高年级的同学固然常到我们的图板边提意见，或者在做渲染透视时助一臂之力。我们也常常对高年级的作品评头论足，言之有理也好，胡说八道也好，至少系里形成了一种学术民主、互相切磋的风气。……我和比我高的四个年级因为老混在一起，一道听梁先生和林先生讲课，……心胸开阔，接纳百川汇集。"

现在，我们已经无法得知当年"太太的客厅"里都聊了些什么具体内容，从学生们的回忆里大致可以了解聚会不拘一格、自由热烈的"氛围"。

萧乾曾因为在沈从文主编的《大公报》上刊发了一篇《蚕》，而被林徽因注意到，并热情地邀请他去"太太的客厅"。林徽因给他的第一句话是："你是用感情写作的，这很难得。"萧乾回忆："林徽因话讲得又快又兴奋，不但沈先生和我不大插嘴，就连在座的梁思成和金岳霖两位也只是坐在沙发上边吧嗒着烟斗，边点头赞赏。徽因的健谈绝不是结了婚的妇人那种闲言碎语，而常是有学识、有见地、犀利敏捷的批评。……她从不拐弯抹角，模棱两可。这种纯学术的批评，也从来没有人记仇。她完全没有提到一个"病"字。她比一个健康人精力还旺盛，还健谈。"第一次见林徽因，萧乾受到的鼓舞非同一般，他自己形容：那次茶会就像在刚起步的马驹子后腿上，亲切地抽了那么一鞭。

费慰梅总结道："每个老朋友都会记得，徽因是怎样滔滔不绝地垄断了整个谈话。她的健谈是人所共知的，然而使人叹服的是她同样擅长写作。她的谈话和她的著作一样充满了创造性。话题从诙谐的轶事到敏锐的分析，从明智的忠告到突然的发怒，从发狂的热情到深刻的蔑视，几乎无所不包。她总是聚会的中心人物，当她侃侃而谈的时候，爱慕者总是为她那天马行空般的灵感迸发出来的精辟警语而倾倒。"

在梁家客厅乱糟糟的生活方式中，也总会有各式各样的事情发生，尤其是忠心耿耿的女佣陈妈经常要进进出出，把一些麻烦事告诉林徽因，要她拿主意。每一件麻烦事，无论是发生在家里还是隔壁人家，都要徽因去想办法。有一天陈妈慌慌张张地跑进来说，梁家高围墙西沿住的那位邻居，屋顶裂了一个大洞，那里的房客穷得修不起屋顶，请求林徽因去向房东说说。林徽因马上放下手里的工作，亲自去调查这件事。她跟房东一说，才得知这家房客租了三间屋子，每个月只付50铜板的房租。房东说，现在房客的祖先是在两百年前的乾隆年间就租下了房子，按照当时的契约，由于是同一户人家一直租住，是不能涨房租的，他们每个月都付固定的租金，现在看已经少得可怜，收到的租金远远不够维修房屋的费用。最后林徽因捐出了修缮房屋的钱，这件事最终圆满解决。

当林徽因在聚会上将这件事讲给大家听时，朋友们又笑又鼓掌，纷纷赞扬这个故事精彩："你向我们证明了过去的北京仍旧赫然存在，徽因真有你的！"

1936年，天津《大公报》创刊十周年，特邀林徽因主编"文艺副刊"的《大公报文艺丛刊小说选》。此外，她还受国立北平大学女子文理学院外文系聘请，讲授英国文学。学生评价："她的英语流利、清脆悦耳，讲课亲切、活跃，谈笑风生、毫无架子。每次她一到校，学校立即轰动起来。她身穿西服，脚穿咖啡色高跟鞋，摩登漂亮而又朴素高雅。"有人开玩笑说："如果是男校，就听不成课了。"

家常聚会往往挤满了人，上门来的各式各样人都有，除了跑来跑去的孩子和用人，还有各门亲戚穿进穿出。其中有梁家正在上大学的侄女们，把朝气蓬勃的同学带来，也有一些著名诗人和作家。其中有一次，哈佛大学校长坎南被费慰梅带了过来。甚至有一次，聚会里来了一群玩斗蟋蟀的老头儿。

徐志摩把这里当成了家，时不时来住几天。金岳霖每天风雨无阻总是3点半到梁家，一到就开始为林徽因诵读各种读物，绝大部分是英文书籍，包括哲学、美学、城市规划、建筑理论等。费慰梅评价金岳霖掌握牛津英语的程度令人惊叹。

"太太的客厅"热闹非凡，名声在外。费正清晚年回忆林徽因："她是有创作才华的作家、诗人，是一个具有丰富审美能力和广博的智力活动兴趣的妇女，而且她交际起来又洋溢着迷人的魅力。在这个家，或者她所在的任何场合，所有在场的人总是全都在围着她转。""太太的客厅"自由、随性，什么都可以问，什么都可以说。诗歌、绘画、文学、艺术、建筑、城市、生活、时局……林林总总。短暂的和平带来暂时的安宁与悠闲。朋友们聚在一起，如同进入时间黑洞，时间总是过得那么快，一个下午的时光仿佛倏忽一瞬。天黑了，话还没有聊完，接着晚饭再继续。

客厅里的林徽因思维敏捷滔滔不绝，她那机智善辩的话语总是充满锋芒。林徽因的博闻强记令人惊异，无论是济慈、雪莱，还是勃朗宁夫人、叶赛宁、裴多菲、惠特曼……有谁记不住、背不出的诗句，林徽因都能准确无误地出口成章。林徽因很喜欢诺贝尔奖获得者、爱尔兰诗人叶芝的《当你老了》，她用英文朗读那首诗时，在座的陈岱荪、金岳霖曾被感动得泪光闪烁。在梁思成的眼中，林徽因散发着更迷人的光芒。她在人群中美丽夺目，在辩论声中舌战群友。这样一个女人迷般令人沉醉，她拥有世间最好的容貌、最高的智慧，她的学识渊博、见地深刻，她的思想如大海一般无边无际。这使梁思成更加从内心深处珍爱她如珍宝。在他的心里，她就如同一座宝库，光芒万丈，探之不竭。这一刻，你以为你已经懂了她，下一刻蓦然之间又惊觉原来只是懂了她的一个边角。

2. 徐志摩，说什么已往

不可否认，林徽因写诗，开始时受了徐志摩的很大影响和启蒙。从1931年开始，林徽因开始发表自己的诗作。

此时的徐志摩与陆小曼结婚后，陷入了更大的烦恼和痛苦之中。林徽因虽然身体有病，却满怀刚刚成为母亲的喜悦，正迈向全新的生活。

林徽因从东北回北平后，就在香山上静养身体。

徐志摩频频上香山去看望林徽因，主要是为了"躲气"。徐志摩与陆小曼结婚后在故乡硖石与父母同住。陆小曼吃饭只夹几口，就把剩饭推给徐志摩。经常坐在徐志摩大腿上撒娇，上楼要徐志摩抱上去。没过一个月，徐家父母已经不堪忍受，他们只得去投奔远在北方的张幼仪。

陆小曼生活奢侈浪漫，在上海搞得乌烟瘴气。陆小曼的费用是惊人的，当时她母亲向人叹苦经说每月至少得花银洋500元，有时高达600元。她常常包订剧院、夜总会，还频频光顾豪华的181号赌场，去"大西洋""一品香"去吃大菜，每天晚上跳舞、打牌、捧戏子。更难堪的是陆小曼染上了鸦片瘾，与前来帮她推拿的翁瑞午之间常常罗襦半解，翁瑞午索性以照顾陆小曼的名义直接住在二楼。

1930年秋，胡适看到徐志摩为了养陆小曼经常经济拮据，有时候还要向朋友们借贷。为了帮他解决困境，便介绍他到北平任北京大学教授，兼北京女子师范大学教授。胡适希望徐志摩到北大，不仅是帮他解决经济危机，更重要的是一帮朋友都不希望才华横溢的徐志摩跟着陆小曼堕落、消沉下去。换个环境，对徐志摩也是一种解脱。

但徐志摩还是顾家的，家里的烂摊子还是要他来收拾。仅在1931年上半年，徐志摩就在上海、北京之间来回奔波了八次。作为一个好心的丈夫，他只能如此。其间他苦口婆心地劝陆小曼戒掉鸦片，离开翁瑞午，跟他到北平。可是陆小曼既没有决心戒掉鸦片，也舍不得离开翁瑞午，也就不能随他到北平。徐志摩陷入了深深的苦恼。

他把林徽因看作可以一诉衷肠的人，"我很不幸，只有到这里来了"。

林徽因喜欢热闹，徐志摩的到来带给她许多安慰与喜悦。每次徐志摩上香山，梁家人都会让林徽因的堂弟林宣陪同。林宣和徐志摩都住在香山甘露旅馆。每天吃了早饭就去林徽因住处，中晚餐一起吃，夜里回来。林徽因和徐志摩谈诗论艺时，林宣就坐在旁边看书。

徐志摩离开北平之前的一晚，林徽因跟他一起参加了一个茶会。茶会里请的是太平洋会议来的柏雷博士，因为他是徐志摩生平最爱慕的女作家蔓殊菲儿的姊丈。

晚上，梁思成与林徽因外出后，徐志摩来到梁家，喝了一壶茶，留下一张便条：定明早六时飞行，此去存亡不卜……

林徽因和梁思成回到家后，看到便条非常担忧，赶紧给徐志摩打了一个电话。徐志摩轻松地说：你放心，很稳当，我还要留着生命看更伟大的事迹呢，哪能便死？

11月11日徐志摩从北平离开时曾去看望冰心，在冰心那里徐志摩留下了两句话：

> 说什么已往，
>
> 骷髅的磷光。

11月18日徐志摩去张歆海韩湘眉家谈到深夜12点，随后到何竟武家。徐志摩本来打算乘张学良的福特式飞机回北京，临行前，张学良通知他因事改期。徐志摩为了赶上林徽因次日晚上在北京协和小礼堂向外宾作的关于中国古代建筑艺术的讲演，于第二天，即1931年11月19日迫不及待地搭乘了一架邮政飞机飞北京。不料在济南党家庄附近遇到大雾，飞机触山爆炸，机上连徐志摩共三人全部遇难。徐志摩正值36岁壮年，他一直欣赏雪莱那样潇洒、诗意，又以天才的年轻痛快地死去。如今，他也终于"飞了"。

张幼仪最后一次见到徐志摩是在飞机失事的前一天。

据说陆小曼听到遇难电报，拒绝认领尸体。张幼仪令其八弟张禹九带着13岁的徐积锴，以徐志摩之子的身份到济南认领尸体。张幼仪四哥张公权所在的中国银行出面为徐志摩在当地举行了公祭和丧礼。

梁思成、林徽因、张奚若、陈雪屏、钱端升、张慰慈、陶孟和、傅斯年等相聚胡适家中，众人相对凄婉，张奚若痛哭失声，林徽因潸然泪下。22日下午，受北平学界同人委派的梁思成、张奚若、沈从文等人分别从北平和青岛赶到济南白马山空难现场，收殓徐志摩的遗骸。梁思成带去了他与林徽因专门赶制的小花圈以示哀悼。

丧礼结束后，按照林徽因的叮嘱，梁思成专门带回一小块失事飞机的残骸。此后的岁月，这块飞机残骸一直挂在林徽因卧室的墙壁上，以表达对徐志摩的永久怀念。

四年后，林徽因再次写悼文《纪念志摩去世四周年》。在昏沉的夜色中，火车经过徐志摩的故乡，想起一些连续或不连续的往事片段，林徽因不禁泪流满面。

《偶然》和《你去》是徐志摩明确写给林徽因的：

你去

你去，我也走，我们在此分手；

你上哪一条大路，你放心走，

你看那街灯一直亮到天边，

你只消跟从这光明的直线！

你先走，我站在此地望着你，

放轻些脚步，别教灰土扬起，

我要认清你的远去的身影，

直到距离使我认你不分明，

再不然我就叫响你的名字，
不断地提醒你有我在这里
为消解荒街与深晚的荒凉，
目送你归去……
不，我自有主张，
你不必为我忧虑；你走大路，
我进这条小巷，你看那棵树，
高抵着天，我走到那边转弯，
再过去是一片荒野的凌乱：
有深潭，有浅洼，半亮着止水，
在夜芒中像是纷披的眼泪；
有石块，有钩刺胫踝的蔓草，
在期待过路人疏神时绊倒！
但你不必焦心，我有的是胆，
凶险的途程不能使我心寒。
等你走远了，我就大步向前，
这荒野有的是夜露的清鲜；
也不愁愁云深裹，但须风动，
云海里便波涌星斗的流汞；
更何况永远照彻我的心底；
有那颗不夜的明珠，我爱你！

3. 费慰梅、费正清

1932 年，一对怀着对中国文化热爱之情的美国年轻人来到北平，并在这里结婚、安家。

有一天，梁思成和林徽因到洋人办的北京美术俱乐部去看画展，机缘巧合下两对年轻夫妇彼此认识了，并且一见如故。梁思成和林徽因游历欧美，既熟悉 Wilma Canon Fairbank（费慰梅）生活的美国城市波士顿，也熟悉 John King Fairbank（费正清）正在求学的英国城市伦敦。双方的第一次交谈便犹如"他乡遇故知"。

梁思成给他们新认识的美国夫妇 John King Fairbank 和 Wilma Canon Fairbank 取了中国名字——费正清、费慰梅。眼下，梁思成和林徽因刚刚开始对中国古建筑进行全面的调查研究，这些恰恰是费正清夫妇急于了解的部分。

费正清是哈佛大学的研究生，正在准备以"中美贸易关系发展史"之类的课题研究，作为他的博士论文来中国搜集资料。费慰梅是哈佛女校美术系毕业的画家。因为梁思成曾在哈佛大学攻读研究生，算是前后校友，两家的关系自然加深了一层亲近。

一问之下，他们欣喜地发现，两家住得也很近。费正清和费慰梅住在东城羊宜宾胡同，离北总布胡同实在太近了。

费正清毕生都以哈佛大学为根据地，向西方世界介绍中国，业界评价他的生平为"几乎是在'二次'大战后的美国单枪匹马地创造了现代中国研究的领域"。

那时费慰梅最感兴趣的是中国艺术，费正清则喜欢从各层面研究中国历史。

费正清和费慰梅这段时间正在抓紧学中文。有空时，他们会去紫禁城皇宫和香山卧佛寺，但是他们对当时环绕着北京的高耸城墙和门楼更加着迷。高墙内外中国人真实的生活让他们觉得新奇神秘。

两对年轻人相遇时，都不曾想过这段友谊日后会持续那么多年，但一开始彼此就互相深深吸引了。在费慰梅和费正清看来，林徽因健谈，梁思成稳重。梁思成和林徽因都精通两国语言，通晓东西文化。他们很年轻，充满激情与活力，毫不掩饰地彼此深爱对方。林徽因长得很美，个性又活泼。梁思成虽然比较内敛，但彬彬有礼，反应敏捷，经常会展现古怪的机智与幽默。

从那时开始，两家的友谊与日俱增。虽然国籍不同，但相似的东、西方兼具的求学和研究经历，使两对年轻人彼此间从初识就毫无芥蒂。由于对艺术的共同爱好，又使他们能够从传统观念迥异的出身得到新鲜的理念和认知。因此，从一开始，他们的友谊就是亲密无间的，这种亲密从始至终热度不减。

梁思成和林徽因都是名门之后，有名声显赫的父亲。

因为他们和他们朋友的关系，许多领域都为费正清、费慰梅研究中国的学术领域和社会领域敞开了大门。当第二年费正清开始在清华大学授课时，他们觉得自己已经是这个古老的东方国度中的一分子了。

1932年8月梁思成与林徽因的儿子出生。这对于他们来说仍然是一件大喜事。尽管他们的行为习惯已经西化，骨子里他们仍然是传统的中国人，儿子的出生使他们得以继承香火。林徽因觉得此时的自己应当挪出精力完成自己梦寐以求的事业。

作为过渡一代的新知识分子，尽管有固守传统的一面，但更多的时候，林徽因仍然在反抗传统，对抗规矩。这其中包括与顽固刻薄的母亲的冲突。

林徽因觉得自己应该以掌握的学识，在建筑专业、在文学世界、在戏剧舞台方面做出一番成绩。但是完成这些贡献需要大量的时间与精力。对于一个家庭主妇来说，拥有真正属于自己的时间和精力是奢侈的。家里女儿、儿子、母亲、用人、亲戚，来来往往办事的，没有一样不需要她来拿主意。

想要在画桌上安静地画图，想要在书桌前安静地写完一首诗，都变得那么困难重重。

她在英国、美国，甚至早年在中国读小学时都是受西方教育，她在国外过的也是大学生的自由生活，在沈阳和思成共组的家更是如此。可是此刻在北京，家里的一切无穷无尽的琐屑小事使她铩羽而归。她在书桌或画板前没有一刻安宁，没有一刻可以不受孩子、用人或母亲的干扰。她像一个陀螺，围着全家人转。似乎没有人去考虑她的感受。她就如同家里这十个人的囚犯，他们每件事都要找她做决定。尽管她讨厌在画建筑图或写一首诗的时候被打断，但是她不仅不抗争，反而投身到了这些此起彼伏的突发事件中。没有人顾及她的精神需求。她的画和她的诗，总是起了个诗意的头，就被现实强行结尾。忙完琐事后的她总是懊恼，懊恼之后却一切照旧。

此时的林徽因刚刚 20 多岁，年轻而美丽。费正清夫妇与林徽因的交往，就是从她忙得团团转的一点缝隙中硬挤了出来。深陷生活困窘中的林徽因需要懂她的人来倾听她的诉说。他们之间的交流完全用英语，当费慰梅还是个中文初学者时，林徽因已经是精通英语的大师了。毫无疑问，若不是有英语当媒介，他们的友谊不会如此深刻、如此长久。在她的社交圈子里，有不少人掌握两种语言。但是，在他们之间进行的思想交流仍主要通过中文。只有在与费慰梅单独的交谈中，他们才选择英语来表达自己的思想，相较中文更加酣畅淋漓。

不久，他们便发现彼此有着无数的共同语言，交换彼此的经验，维护自己的论点，共享相同的信念。

当费慰梅作为一个外国人进入这家的生活时，母亲和用人们都以戒备的眼光看着她。那张外国脸和外国打扮，总让全家人觉得不对劲。但是不久之后，大家就习以为常了。

随着友谊的加深，费慰梅经常骑自行车或坐人力车在天黑时到梁家。红漆双扇大门深锁，一个用人把庭院入口的门闩打开，她就径直穿过内花园去找徽因。在客厅一个舒适的角落里坐下，泡上两杯热茶，两个人迫不及待地把那些为对方保留的故事和想法讲出来。有时分析和比较中国和美国的不同价值观和生活方式，但接着就转向彼此在文学、艺术和冒险方面的许多共同兴趣，谈谈对方不认识的朋友。《费正清对华回忆录》中提及："梁思成夫妇对于我们此次中国之行意义非凡。如果把我和威尔玛看作是中美间文化交流的使者，那么就必须把他们包括进去。此外还有他们亲密的朋友和邻居——金岳霖教授。"

费正清和费慰梅用一生关切着梁思成和林徽因在动乱的中国社会里所发生的一切。梁思成和林徽因以病弱的身躯坚持长途跋涉在环境恶劣、动荡不安的荒郊野外；他们出身优渥，却为了做研究，忍受苍蝇蚊子臭虫蝙蝠的侵袭而坚持不懈；他们在局势动荡中，不顾生命安危，毅然为那些古老的艺术而准备抛弃一切的精神，得到了这对美国学者深深的敬意。

正如费慰梅多年后在书里所写：

我们比他们多活些年实在不足为奇，因为在追求理想目标的过程中，他们历经数十年的军阀混战、

民主主义革命、日本侵略、国共内战以及严厉的管制，
最后被病魔缠身给压垮。

　　这一对了不起的中国青年在当时还没有意识到他们
将做出多么功勋卓著的贡献。正是这对偶然相识的美国学
者严谨的态度，使人们日后追述他们的生平时有了翔实可
信的历史资料。费正清和费慰梅将两家人之间的书信往来
一一保存，将这段历史永远地留给了中国人。

4. 金岳霖

　　清华大学教授金岳霖比梁思成大 6 岁，他曾经在宾夕
法尼亚大学沃顿商学院学习商科，但不久，兴趣转向，于
是进入哥伦比亚大学和伦敦大学，学习政治学、哲学，成
为逻辑学家。回国后创办了清华大学哲学系，担任首任系
主任。从北总布胡同开始，他几乎一直与梁家比邻而居，
是梁家最亲密的朋友。

　　林徽因在她忠诚的拥趸者心里，永远是光彩夺目的，
这种光彩来自她的美貌也来自于她的聪明。尽管她本人既
讨厌别人以美貌概括她，也讨厌一味被称赞成聪明人。她
只活成了她自己想要的样子。包含又不仅限于金岳霖称赞
的，拥有天赋和聪明、妙语连珠、爽直前卫。最主要的是
她激情无限、创造力无限，她的诗意（不仅仅是她能写诗歌）、

她敏锐的感受力和鉴赏力，总之，人所渴求的她应有尽有，除却学究气。学究气的反面是丰富多彩，一个人学究气越重也就越丧失色彩。林徽因的丰富多彩让周围一群学者顿失光彩。金岳霖不禁捶胸慨叹自己在林徽因面前相形之下的彻底苍白。

金岳霖对林徽因无疑是爱慕的，刻骨铭心、至死不渝。梁家的厨子做中餐，金家的厨子做西餐，中午端在一起吃。林徽因身体不好，每天早晨要吃一个鸡蛋。金岳霖负责养鸡供应蛋，还替她杀鸡补营养。不论战前在北平东城北总布胡同，还是战后迁回清华之后，两家总住近邻。学问渊博、风趣幽默的金教授是梁家的常客。他把着手教梁家一对子女英语。

费慰梅认为徐志摩对梁家最大和最持久的贡献是引荐金岳霖。这位中国首屈一指的形式逻辑学专家是个高大瘦削、爱打网球的知识分子，既内敛又能说会道。他酷爱养大斗鸡，屋角放着许多蛐蛐缸。金岳霖总是按自己的志趣去生活、去做事，从不为名利所累。他不愿做行政工作，怕与人打交道。1926年初到清华，创办哲学系，他做第一任系主任。不久冯友兰到了清华，他就立即请冯友兰做了系主任。挚友冯友兰认为金岳霖的风度很像魏晋大玄学家嵇康。嵇康的特点是"越名教而任自然"，天真烂漫，率性而行；思想清楚，逻辑性强；欣赏艺术，审美感高。嵇康的风度是中国文化传统所说的"雅人深致""晋人风流"

的具体表现，金岳霖就是嵇康风度在现代的影子。费正清佩服金岳霖的英语几乎达到了炉火纯青的地步，他能在音调、含义、表情等各方面分辨出英语中最细微的差别。

金岳霖终身未娶，一直到生命终了，他把自己完全归属于梁家，觉得只要离开梁家就掉了魂。他时常用那令人惊叹的牛津英语为林徽因朗诵外文著作。林徽因多病的身体同样折磨着金岳霖的心，在物质最匮乏的年代，他不惜跑去哈德门的法国面包房为林徽因买来昂贵的蛋糕。这种一往情深，深而长久，林徽因的每次咳喘、每场病痛都使这位高大威武的男子心疼到软弱。

林徽因吸引了他。林徽因的磁场感染了所有人。在这位逻辑学家那深奥的精神领域里，林徽因提供给他所缺乏的感情旋涡。对于林徽因来说，金岳霖丰富的人生经历和天生的智慧，使她成为一个最佳聆听者，刺激了她的创作力。

金岳霖爱林徽因又爱梁思成。这种爱是坦诚、真挚而伟大的。他关心他们的生活。抗日战争时期购买昂贵的进口奶粉和药品寄到李庄支援他们的生活。他关心他们的事业，每当梁思成和林徽因用英文写作而发生争论时，最后的裁定权是金岳霖。

关于他们三个人的关系。据萧乾的夫人文洁若回忆，当时西南联大师生间的关系格外亲密，学生们对建筑系梁、林两教授的家庭情况了如指掌。当时传为美谈的就是这对夫妇多年来与哲学系金岳霖教授之间不平凡的友谊。同学们都十分崇敬金教授这种完全无私的、柏拉图式的爱，也佩服梁思成那开阔的胸襟。他们二人都摆脱了凡夫俗子那种占有欲，共同爱护一位卓绝的才女。金岳霖认识林徽因时，她已同梁思成结了婚，但他对她的感情竟是那样的执着，就把林所生的子女都看成自己的孩子。这真是人间最真诚而美好的关系。

金岳霖一生是在朋友中度过的。他"脱离了亲戚的生活"，也没有自己的家庭，便完全"进入了朋友的生活"。他的朋友很多，有"好几套"。当然学界的朋友居多，如张奚若、胡适、徐志摩、梁思成、林徽因、钱端升、陈岱孙、周培源、邓叔存、陶孟和……美国的费正清、英国的瑞洽慈……也有兴趣相投者，如梨园名角儿、斗蛐蛐的老头儿……

金岳霖总是说，梁思成、林徽因是我最亲密的朋友。

林徽因去世后，金岳霖召集一帮老朋友到北京饭店一起吃饭。大家都不知道聚会的主题是什么，等到人齐了后，金岳霖宣布："今天，是徽因的生日。"一桌人顿时沉默了，举座一片感叹唏嘘。

对于林徽因的病和死，金岳霖一字一句地说："林徽因死在同仁医院，就在过去哈德门的附近。对于她的死，我的心情难以描述。对她的评价，可用一句话概括：'极赞欲何词'啊！……我很悲哀，我的眼泪没有停过……"

金岳霖在写《最亲密的朋友梁思成、林徽因》中这样结尾："爱与喜欢是两种不同的感情或感觉。这二者是统一的。……爱说的是父母、夫妇、姐妹、兄弟之间比较自然的感情，他们彼此之间也许很喜欢。果然如此的话，那他们既是亲戚又是朋友。……"

晚年的金岳霖一直与梁思成、林徽因之子梁从诫生活在一起，并由梁从诫为其送终。

第七章　受过光热的每一层颜色 [1]

　　金岳霖回忆："比较起来，林徽因思想活跃，主意多。但构思画图，梁思成是高手，他画线，不看尺度，一分一毫不差。"

　　在清华，梁思成被列为全校少数最有才能的小美术家之一，与闻一多、杨廷宝等组织了一个研究"艺术及人生关系"的团体——缪斯。他常常一次作几种画，以获得不同的体验和浪漫感。在担任《清华年报》及其他校内刊物的美术编辑期间，梁思成创作了大量美术作品，包括封面图、栏头画、插画、写生画、速写、漫画等。

　　梁思成的艺术天赋，使他隐约觉得自己日后可以当一个艺术家。当林徽因引导他走向建筑学之路时，他马上就被这种实用与艺术结合的专业迷住了。

　　在那个动荡不安的时代，每一个胸中有热血的青年无不密切关注时局，渴望投身政治。学生时代的梁思成不仅像父亲梁启超一样有着敏锐的政治头脑和高度的自信、指挥若定的领袖才能，而且充斥毕生都怀有浓烈的民族情结、

　　　1　林徽因：《秋天，这秋天》，《大公报·文艺副刊》1933年11月18日。

爱国的赤子之心和甘于自我牺牲的奉献精神。

在清华时，同学们称他是"一个有政治头脑的艺术家"。在1919年《五四运动》中他是清华学生中的小领袖之一，是"爱国十人团"和"义勇军"中的中坚分子。从某种意义上看，梁思成几乎完全继承了父亲的政治热情和头脑。

然而，日后的梁思成并没有走父亲梁启超所走过的政治道路。他醉心于建筑学中，将中国的建筑史研究实现了从0到1的开创性新纪元，成为一代宗师。

历经政治沉浮的梁启超以亲历的经验得出"真谛"——在军阀专制、黑暗混乱的中国，从政没有任何前途。他认为国富民强要人尽其才，充分发挥个人特长，专注于自己的个性发展和才能发挥，才会"创造世界"。

梁启超的思想变化影响着他的儿女们，梁家的孩子日后几乎都走上了"心平气和、持之以恒"的学术研究之路。

1931年，从东北回到北平的梁思成，开始了又一次工作选择。20世纪初的中国建筑业，异彩纷呈、百废待兴。一座座新式建筑拔地而起，既有西洋式建筑，也有中国古典式样建筑。当建筑刚刚被中国人认可为一门学科时，中国的大城市里活跃着外国建筑师的身影。当中国的留学生们回归祖国时，他们以更大的热情发挥着所学，而且，他们一次次向世界证明着，尽管起步晚，中国人绝不比外国人差，甚至可以说他们在那个开创性的时代里已经成就了属于他们的辉煌。当时，中国南北两个著名的建筑工程事务所：基泰和华盖。这两家事务所皆由留美建筑系学生创办。梁思成在美国宾大的同学陈植、童寯、赵深创办了华盖建筑事务所，宾大建筑系毕业的杨廷宝、朱彬和麻省理工学院建筑系毕业的关颂声共同成立基泰工程司。在20世纪30年代，北平、上海、天津等城市成为中国建筑师活跃的舞台。

在建筑业炙手可热的大好形势下，梁思成和林徽因毅然放弃了加入建筑公司的高收入职业，他们决心一偿多年夙愿，去做当时中国学者没有做过的事情：从头开始，研究中国的建筑历史，创建中国建筑学体系。

梁思成携林徽因将在短暂却异常曲折的一生中，以自己独有的方式，用脚丈量他们热爱的土地，用手一寸寸去测绘中国古建筑，用笔一字一句描绘成集，用中国人的声音向世界宣告中国的建筑瑰宝。

1. "天书"之谜

1919年，北洋政府官员朱启钤在南京江南图书馆偶然发现了一本手抄本的古书《营造法式》，这是一本北宋官订的关于中国古代建筑设计和施工的专著。

1925年，梁思成和林徽因在留学期间收到了梁启超寄来的这本神秘的"天书"——《营造法式》。梁启超特别题字：思成、徽因，俾永宝之。梁思成和林徽因收到书后一阵狂喜，随之而来的却是莫大的失望和苦恼，因为这部漂亮精美的巨著，竟如同"天书"一样无法看懂。

《营造法式》集古人建筑智慧之大成，漂洋过海来到梁思成和林徽因身边，如同上天将一把神秘的钥匙交到了他们的手上。对这本书的奥秘百思不得其解，反而燃起了梁思成和林徽因的斗志。既然老祖宗能流传下来这本书，中国子孙就没有道理在它面前成为"睁眼瞎"。梁思成与林徽因下定决心，就算付出一生的时间也要破译出先辈的智慧，以为今用。

在我国古代，建造房屋等土木工程活动，被统称为"营建""营造"，而营造之术历来又被视为"匠人之术"，施工要诀仅凭师徒口口相传，很少有文字记载。因为中国古代从事工匠的人，往往并不识字，而能够著书立说的人，往往又不屑于记载这些"低等"的事情。

《营造法式》能够被修编并有幸流传下来就显得格外珍贵。朱启钤发现这部古代建筑典籍时的狂喜心情可想而知。然而，尽管朱启钤深知这本书的价值，却为无人能破解而陷入了巨大的苦恼中。当他听说梁启超的长子梁思成已经以建筑学专业学成归来时，便想方设法要将梁思成吸纳到他的阵营，一个以专门研究中国建筑为宗旨的私人研究机构——中国营造学社。

朱启钤创立中国营造学社的宗旨与梁思成、林徽因立志研究中国古代建筑史的宏愿不谋而合。

梁思成 1931 年加盟了中国营造学社，担任法式部主任，此时加盟营造学社的另一位关键人物是毕业于日本东京理工大学、在南京中央大学建筑系任教的刘敦桢。由于朱启钤本人在晚清民初的影响力，营造学社聚集了当时社会上一批学界、政界和财界人士。各方人才的会聚，使得这个私人研究机构在短时间内成果斐然。

朱启钤 1872 年生于贵州。1915 年被任命为内政部长，负责修缮北京故宫和一批老建筑。在进行古建筑维护的过程中，他与仍留在故宫里的老工匠们经常往来，以期增长中国古建筑方面的知识。在清朝以前，北京城的马路边是没有行道树的。朱启钤开创性地将行道树引种在马路两边。当时的北京城路边种植的是槐树，护城河边种植的是柳树。

《营造法式》的作者李诫，字明仲，是宋朝的朝廷命官，负责监管公共建筑的建造和修复。《营造法式》是北宋官订的建筑设计、施工的专书，相当于现在的建筑设计手册和建筑规范，是中国古籍中最完善的一部建筑技术专书，是研究中国古代建筑不可或缺的皇皇巨著。

这本看不懂的"天书"引发了梁思成和林徽因不服输的志气。对《营造法式》探究的挑战，和中国建筑史的天然空白促使梁思成决定以中国建筑史研究作为终身职业。梁思成在美国学习西方的建筑历史时发现，西方各个时期的建筑都被严谨地整理记录，有条不紊，可以追溯各个时期建筑的起源，而中国什么都没有。因为中国古代帝王登基以后，总是要毁灭前朝的一切，不留任何痕迹，著名的阿房宫大火连烧三个月，就是这一历史陋习的悲剧缩影。

营造学社的研究工作分文献和实物调查两方面进行。在组织结构上分为文献组和法式组。梁思成担任法式组主任，文献组主任为刘敦桢。刘敦桢比梁思成年长4岁，在此后的十年中，他们作为相互支持的合作者，领导他们的年轻团队进行了坚苦卓绝、彪炳史册的工作。

梁思成和刘敦桢第一次合作既不是野外旅行也不是文献研究。通过朱启钤，营造学社承接了恢复一座两层楼的皇家图书馆——文渊阁的任务。文渊阁1776年建于北京皇宫的西南角，它的作用是收藏一部特殊的丛书，集36000卷古文献的《四库全书》。这是由乾隆皇帝在16世纪70年代下令编纂的。1932年时发现支撑书架的梁柱大大下沉，故宫博物院领导要求营造学社现场勘查后制订出一个完善的修复计划。

梁思成和刘敦桢、蔡方荫，在详细测量后做出了计算结果。测算表明梁柱所承受的重量大约是安全承重的两倍。他们建议用加固的混凝土大梁换掉现有梁柱。这是梁思成第一次参加一项恢复古建筑的计划。

营造学社的地址就在外朝房，位于端门跟午门中间。这也使他们将研究的第一站放在了故宫。故宫内清朝遗风尚存，还有一些老工匠留在里面。这个难能可贵的机会使梁思成决定从清代建筑入手，一点一点地触摸中国古代建筑的奥秘。梁思成找到了一本清代编纂的《工部工程做法则例》，结合了解北京掌故的老人的讲述，遇到疑难就殷勤地向老工匠随时求教"取经"，使梁思成慢慢在头脑中建立了古建结构模型。

最初的时候，关于中国建筑完全是一片空白。空白到最基础的名称和结构都没有。但是，做从无到有的开创者是伟大的。屋顶有什么样子，屋顶底下为什么叫斗拱，斗拱是什么样，柱子为什么有烟柱、有金柱。一点一点拿着书请教工匠，一点点对，对上号之后，梁思成、林徽因他们才慢慢弄清楚，感觉自己开始入门了。

1932 年，林徽因撰文《论中国建筑之几个特征》。文章里写道：中国建筑为东方最显著的独立系统，渊源深远，而演进程序简纯。历代继承，线索不紊，而基本结构上，又绝未因受外来影响，致激起复杂变化者。虽然，因为后代的中国建筑即达到结构和艺术上极其复杂精美的程度，外表上却仍呈现出一种单纯简朴的气象，一般人常误会中国建筑根本简陋无甚发展，较诸别系建筑低劣幼稚。外人论著关于中国建筑的尚极少好的贡献，许多地方尚待我们建筑家今后急起直追，搜寻材料考据，做有价值的研究探讨，更正外人的许多隔膜和谬解处。

1932 年 3 月出版的营造学社《汇刊》，登了梁思成的第一篇文章，文章里将搜集的唐代建筑文献资料定为方向。

尽管目前看来，究竟是否能够有幸找到一座唐代建筑还有很大的不确定性。从时间上来讲，唐代（公元618—907年）已经是一千多年前的事情了。一千多年有多久远，时间的长度只是那些古代木构建筑所要经受的考验之一，更多的考验还来自雷火、战争、朝代更迭、虫蛀、风化、人为破坏，甚至周期性的宗教迫害拆庙灭僧等。

距离解开《营造法式》的奥秘还有很远的距离。文献研究只是刚刚起步的第一小步。梁思成每天到故宫去上班，更实际有效的行动应该是像李诫写书时那样，向在故宫中干活的工匠请教。为了更好地利用他们的营造知识，他熟读了1734年印行的清代建筑手册《工程做法则例》。尽管这部法例与年代久远的宋代手册已经随历史变迁失去了很多相同的借鉴，但是目标坚定的梁思成认定研究这本书将为以后带来不可估量的知识储备。他写道：

有了《工程做法则例》做教科书，木匠们做教员，清代宫殿做教具，对清代建筑的方法和规则的研究开始有了一个坚实的基础。这本书，1734年由工部印行，共有七十章。它们涉及建筑材料的计算和"大木作"的规则。对二十七种大小的房子的每一个建筑结构都不厌其烦地提供了丈量方法。然而，对于确定每一种结构的方法和位置则很少提到。如果没有工匠来指出和解释具体的例子，这本书是很难读的。对于中国建筑中最独特的"斗拱"的规则以及柱子的直径和高度、屋顶的弧度，书中都有叙述。其他的章节则谈到"小木作"，接榫、石作、砖作、瓦作、颜色，等等。

梁思成在研究探索中心无旁骛，他反反复复地将不同时代的建筑结构与建筑原则以现代科学的方式不断进行比较并诠释，以此便于自身及同领域人们的理解。

他幸运地找到了两位一辈子从事维修故宫里的清代建筑的老木匠。他和他们一起仔细检查了木构件之间的复杂关系。这可不仅仅是工匠们"指出和解释具体的例子"的问题，因为他不仅需要知道每一个构件的名称，而且还得知道它们的位置以及每一构件在整体建筑中的作用。在故宫，他和林徽因以及营造学社的同事们，开始进行就近检查和准确测量所要求的攀登上房。

1934 年，梁思成出版了他的第一部破解清代建筑之谜的建筑专著《清式营造则例》，林徽因撰写了第一章《绪论》，在他们将要毕其一生为之奋斗的中国建筑史研究的辉煌成就中，这本书只是他们在历史长河中捡拾起来的一块小小的砖石。

梁思成和林徽因的研究在步步推进。他们清醒地告诉自己，时不我待，研究的步子要加紧了。在内心急切的呼唤中，他们能听见，那些夹杂在远方的急促的脚步声，对中国建筑史兴趣越来越浓的国外学者们，正对中国大地不停窥视，垂涎欲滴。甚至有些外国学者已经先他们而行，在中国古建领域取得了令人惊异的成就。

2. 民族尊严

梁思成 1901 年在日本出生时，正值庚子事变发生期间。适逢国难，八国联军占领北京，中国国内一片混乱。日本学者伊东忠太来到了中国，他以优越的便利条件，非常详细地实测了故宫这座历经数百年的皇家建筑群。日本摄影师小川一直进行同步拍摄记录。此后，伊东忠太数次来到中国，拥有大量图文并茂的考察记录，为撰写一部《中国建筑史》做准备。

20 世纪的前 30 年，一批日本建筑史学家来到中国，足迹几乎遍布中国的全境，考察内容既包括中国的建筑，也有石窟文化、佛教文化遗址。他们决心证明日本建筑乃和欧美同宗同祖。伊东忠太研究中国，并不是因为喜欢中国，而是想通过研究中国来证明日本建筑的发展程度跟西洋建筑的发展程度是在同一水平上。他认为日本建筑本源是希腊，通过中国传播而来，所以一定要到中国去找剩下的痕迹线索。

关野贞对中国古建筑保护的紧迫需要做出了私人建议：距前两回考察仅十二三年，遗迹破坏、废灭之大令人吃惊，其保护已是刻不容缓。而我国的文化，自古又是从中国而来，日本当局和学者应该向中国当局建议保护建筑古迹，日本学者尽快前往中国进行考察，在日本尽快建立博物馆，收集中国各时代的遗物。中国现存的国宝有很多，其意义和价值全都没有认识到，从反面说，没有认识到其意义和价值，怎能保护这些建筑？能发现并确定其世界宝物之价值，这实在是日本学者的工作。

在中国第一个研究建筑历史的机构营造学社成立的时候，日本学者完成了一批有关中国建筑的学术著作：

《支那建筑史》伊东忠太，1925 年；

《支那佛脚史迹》关野贞 常盘大定，1925 年；

《支那文化史迹》关野贞 常盘大定，1939 年；

《支那的建筑》伊藤清造，1929 年；

《支那建筑》伊东忠太、关野贞，冢本靖，1929 年。

1925 年，伊东忠太完成了他的中国建筑史写作。在中国营造学社的开幕式上，年过 60 的伊东忠太做了一个关于支那建筑的发言，发言中他提了一个建议，这个建议极大地刺激了中国学者。

伊东忠太讲道：完成如此大事业，其为支那国民之责任义务，固不待言，而吾日本人亦觉有参加之义务。盖有如前述，日本建筑之发展，得于支那建筑者甚多也，据鄙人所见，在支那方面，以调查文献为主；在日本方面，以研究遗物为主，不知适当否？

伊东忠太向中国营造学社建议在即将开始的这场对中

国建筑进行全面研究的工作中，中日学者进行合作，由于传统的中国学术方法中，没有考古学，没有田野调查，没有掌握专业摄影以及测绘技术的人员，因此，研究过程中，获得第一手资料的实地考察工作由日本学者完成，中国学者仅仅承担古代文献的梳理工作。这在中国学者看来，是任何中国人都不能接受的。

这场发言对梁思成和林徽因等营造学社成员的刺激非常大。尤其对梁思成来说，儿时在日本所遭受的屈辱和歧视，因为落后就要挨打的尊严挫伤，随日本学者嚣张的言辞一起涌上心头。民族尊严不容伤害，痛定思痛，他们决定正式起步，对中国古建筑进行实地考察。

朱启钤没能认识到梁思成所建议的到北京以外进行野外调查的必要性，他建立营造学社仅仅是为了用文字方法解决建筑方面的问题。

但是，梁思成是20世纪的现代人。他的教育所囊括的，不仅有中国的文化传统，更兼有坚持实地观察和试验的西方科学。而最重要的是，他生来就是一个行动派，一个实际的人。他那套文字史料与实地考察相结合的做法，也非常符合父亲梁启超关于历史研究方面的论著观点。

在中国漫长的历史中，皇朝更迭，成王败寇，2000年来历代改朝换代成功者，莫不效法项王，咸阳宫室，火三月不灭，以逞威风，破坏殊甚。因此，在建筑学家的眼中，中国的古代木建筑是罕有的珍奇瑰宝。当时的日本学者，以日本还保存中国唐代的木建筑为莫大荣耀。他们宣称，中国境内保存最古之木建筑是辽代的，即公元1038年建成的大同华严寺薄伽教藏殿。难道真像日本学者所宣称的那样，中国大地不再存有比华严寺更为古寿的木构建筑吗？

20世纪30年代初，远方传来消息，中国年轻的考古队伍，在中国的西北部，发现距今近2000年的汉代木简。梁思成和林徽因得知消息极其振奋，汉代木简尚存，唐代建筑就不会缺席历史。经过查阅史料，分析地质，种种线索都在指向那个神秘遥远的年代，他们坚信，在中国大地某个静谧的角落，一定会有唐代木建筑傲世屹立。

30岁的梁思成雄心勃勃，要撰写一部完整的中国建筑史，这一选择，将成就我们这个民族建筑史上一段永远的辉煌。而他和林徽因的一生，也因此注定在彼此的携手牵绊中共同度过一次又一次的艰辛与坎坷。

3. 野外考察

1932年4月梁思成的第一次野外考察是一个创举。促成这件事的碰巧是介绍他到沈阳东北大学任教的好朋友杨廷宝。杨廷宝偶尔去北京鼓楼参观时，发现展览中有一幅非常奇特的建筑照片，照片说明上标注着蓟县独乐寺。杨廷宝把这个古怪的建筑形容给梁思成。梁思成立刻联想到了日本考古学家常盘大定和关野贞在中国旅行后发表的照片中的类似形象。此时的梁思成已经做足了理论功课，他急于要到现实中发现和印证这些图画或头脑中的影像。梁思成兴奋极了，立刻跑去看展览。果然如他所料，独乐寺必须马上进行实地考察。

从北京到东面大约 50 英里的蓟县，每天早上 6 点有一班公共汽车，预定 11 点到达。梁思成原计划在 1931 年秋天尽快赶去。他打好了背包，一切都准备好了，但消息传来，说由于一条河堤决口，道路不能通行，行期只好推迟。最后出发的日子重新定在 4 月，同行的有他在南开大学上学的弟弟梁思达、营造学社的邵力工，野外考察所需的仪器是向清华大学一位教授借来的。在这个兵荒马乱的时代，梁思成安顿好后就马上向林徽因报平安："没有土匪。四个人住店一宿一毛五。"

梁思成开着那辆早就该报废的 T 型老破车，一路颠簸。这是他第一次离开交通干线驶向泥泞小路。出了北京的东门几英里，就到了箭杆河。正逢枯水季节，河流只剩下不到 30 英尺宽。但是两岸之间的沙河床却足有一英里半宽。用渡船过河以后，汽车在软地上一步也不能动弹了。于是乘客们只好帮着推车，一直把这辆老古董车推过整个河床。过了河床还有泥沙地和其他坑坑洼洼，三个人不得不爬上爬下汽车好几次。50 英里的行程足足用了三个多小时。那时候的他们不以此为苦，只感到非常兴奋和有趣。

独乐寺的观音阁高踞于城墙之上，老远就能望见。人们从远处就能看到它栩栩如生和祥与的形象。这是中国建筑史上一座重要而如此古老的建筑。第一眼所见，梁思成深深为之惊艳。因为很多东西在宋代《营造法式》上见过，比如侧角、生起、斗拱，而蓟县独乐寺恰恰是反映了唐宋早期建筑的形制，所以他特别兴奋。之前有很多看不懂也想不通的东西，通过这一个调查他弄明白了。实地看过这一次，胜过读万卷书，而这些东西，在他过去调查清代的故宫也是弄不明白的。

独乐寺始建于公元636年（唐贞观十年），公元984年（辽统和二年）重建。观音阁始建于公元984年，中原正处于北宋雍熙元年。蓟县当时被辽的契丹人所占。寺庙的楼体结构是两层夹一个暗层。宏大简洁的斗拱把屋顶的重量承载分化，下面由柱头带卷杀的柱子所支撑，出檐深远的屋顶覆盖在顶部。环绕上层的平座也是由这些斗拱支撑的。这样就形成了三条结构性的装饰带。这些特征与后世的那些直上直下的柱子和排得很挤的小斗拱形成鲜明的对比。观音阁的形象非常类似敦煌壁画里描绘的唐代建筑。

观音阁里供奉着60英尺高、有11个头的观音。巨大的观音塑像通过上面两层楼板的一个中央窟窿伸出去。每一层楼板上都有一条环形围廊，高度分别在塑像的腰部和胸部。这是已知的中国现存的最大泥塑像。观音阁和它前面的山门是梁思成的两项首次发现，很长时间在营造学社的新发现记录中是中国最古老的木建筑。

在梁思成看来，观音阁的重要性在于它是就近详细研究一所其建造时间很接近宋代术书《营造法式》的好机会。他运用这部著作的专门名词进行描述。他仔细地比较了独乐寺各个建筑部件的尺寸和书中所列的尺寸。这种比较澄清了书中一些晦涩的段落并且阐明了中国木结构建筑的早期发展。除了年代久远，眼前这座活生生的辽代建筑实例，为梁思成破译《营造法式》之谜，开启了一扇窗口。

直到 1979 年 4 月，梁思成第一次访问后的 47 年和那次带来无数人员伤亡以及北京、天津许多房屋倒塌的大地震后的两年多，独乐寺和它的门楼仍然完好。蓟县比北京、天津更接近震中唐山，但是已有千年历史的高耸入云的木楼观音阁，却只受到很小的损害。这一事实很好地说明了它的结构具有良好的柔韧性。

梁思成抵达独乐寺的 20 世纪 30 年代，寺院被各类驻军占领，人马杂沓，损毁尤甚，他忧心忡忡地在他的考察报告中提出了今后之保护。

1932 年，梁思成发表《蓟县独乐寺观音阁山门考》。经过考证、测绘，梁思成断定观音阁和独乐寺山门目前是我国现存建筑物中发现的最古老的建筑。难能可贵的是经历过数百年天灾人祸，这座古建的保存比较完整，实为无上国宝。如果在别的国家，政府和社会力量都会小心翼翼地加以保护，唯恐护养不善。可惜在中国，没有人知道它的价值，虽然蓟县当地的人因为宗教和感情的因素对它很爱护。但实际上，蓟县的人并不具备相当的知识和科学办法，不仅对风雨侵蚀无能为力，就算有军队来毁坏他们也毫无办法。对待国宝，如果一味听之任之，那么很快它就会像建章、阿房宫一样成为历史遗迹。梁思成想到古建筑的命运前途不由感慨万千，日本《古建筑保护法》颁布实施已经有30年，我国对建筑却还在肆无章法地破坏着，相比之下实在令人羞愧。

在蓟县县立中学有一位教师对梁思成的考察表现出来极大的兴趣。在考察组进行考察时，这位教师不仅时常主动帮忙，还饶有兴趣地不停请教各种问题。当梁思成针对辽代建筑特征对他进行详细讲解时，这位教师兴奋地说在他的家乡河北省宝坻县有一座广济寺，跟梁思成介绍的特征十分吻合。他热情地建议梁思成一定要去那里考察。于是，梁思成高兴地宣布在他们还在对第一个地方进行调查的中间，就已经有了调查第二个地方的线索。这个利好的发展势头为营造学社带来一片欢欣鼓舞。

1932年，梁思成在《中国营造学社汇刊》发表了《蓟县独乐寺观音阁山门考》一文，引得日本建筑学界大为震动。中国营造学社的第一次野外考察，便打破了日本学者对中国最古寿建筑的断言。独乐寺是当时我国已发现的最古老的木构建筑，它的重建时间处在唐宋之间，其建筑形制上承唐代遗风，下启宋式营造，对研究中国建筑的源流演变意义非凡。独乐寺建于辽代统和二年，即公元987年，距离唐朝覆亡仅仅 77 年。首次出征便有如此令人振奋的发现，怎能不让人对未来产生更大的希冀？ 77 年，梁思成已经走到了唐代木构建筑的门前。

茫茫中国大地上到底还有没有唐构建筑，如果有，它在哪里？

4. 行万里路

1932 年 6 月，营造学社到宝坻县做第二次野外调查。广济寺正像那位教师所猜想的，巨大的斗拱和深远的屋檐十分明确地表明那的确是一座辽代寺庙。

战乱中，很多寺庙都被军队驻扎。广济寺的大殿里堆满稻草。在尘土飞扬中，调查人员勉强能够看到大殿里大大小小的塑像——三尊菩萨、一批小菩萨、十八罗汉。在主供桌上堆着一摞做棺材用的木板。在草堆里还有一批石碑，被当地人认为宝坻最重要的遗迹——"圣碑"被掩盖在一堆堆乱草中，经过考察人员仔细辨认，最重要的一块是 1025 年刻制的。

梁思成站在大殿内往上看去，只见大殿没有天花板，只有《营造法式》上所说的"露顶"。那些桁梁、系梁和斗拱，全都是精心制作并且相互联结，跟我们熟悉的后世建筑形制大相径庭。确定了！这是一处辽代建筑，是将近一千年以前建造的。梁思成激动得恨不能立刻向林徽因报告他们的幸运。如果徽因在场，一定会由衷赞叹每一处精妙绝伦的构造巧思。

如今，这座大殿仅存在于梁思成精美的图画中。这使得营造学社经艰苦跋涉的考察经历更加珍贵。梁思成对《宝坻县广济寺三大士殿》做了这样的考察记录："那天还不到5点预计开车的时刻，我们就到了东四牌楼长途汽车站，一直等到7点，车才来到。汽车站在猪市当中，北平市每日所用的猪都从那里分发出来，所以，我们从两千多头猪的惨嚎声中，上车向东出朝阳门而去。"

其后，营造学社足迹遍布大江南北。

1933年《正定古建筑调查纪略》："下车之后，头一样打听住宿的客店，却都是苍蝇爬满、窗外喂牲口的去处。我们走了许多路，天气又热，不禁觉渴，看路旁农人工作正忙，由井中提起一桶一桶的甘泉，决计过去就饮，但因水里满是浮沉的微体，只是忍渴前行。"

1936年林徽因给梁思庄的信："思庄，出来已两周，我总觉得该回去了。什么怪时候赶什么怪车都愿意，只要能省时候。每去一处都是汗流浃背地跋涉，走路工作的时候，又总是早八至晚六最热的时间里，这三天来可真是累得不亦乐乎。吃的也不好，天太热也吃不大下，因此种种，我们比上星期的精神差多了。整天被跳蚤咬得慌，坐在三等火车中，又不好意思伸手在身上各处乱抓，结果浑身是包。"

对梁思成和林徽因而言每一次考察中的新发现，显然都是解除旅途艰辛的良药。

1933 年《正定古建筑调查纪略》（梁思成）："转轮藏前的阿弥陀佛，依然是笑脸相迎，于是绕过轮藏之后，越过没有地板的梯台，再上大半没有地板的楼上，发现藏殿上部的结构，有精巧的构架，与《营造法式》完全相同的斗拱，和许多许多精美奇特的构造，使我们高兴到发狂。"

1934 年《山西通信》（林徽因）："居然到了山西，天是透明的蓝，白云更流动得使人可以忘记很多事。更不用说到那山山水水、小堡垒、村落、反映着夕阳的一角庙、一座塔，景物是美到使人心慌心痛。"

1932 年《宝坻县广济寺三大士殿》（梁思成）："抬头一看，殿上部并没有天花板，《营造法式》上所称'彻上露明造'梁坊结构的精巧，在后世建筑物里还没有看见过。当初的失望到此立刻消失，这先抑后扬的高兴，趣味尤富。在发现蓟县独乐寺几个月后，又得见一个辽构，实是一个奢侈的幸福。"

1934 年《山西通信》（林徽因）："教书先生出来了，军队里兵卒拉着马过来了，几个女人娇羞地手拉着手，也扭着来站在一边了，几个小孩子争着挤，看我们照相、拉皮尺量平面，教书先生帮忙我们拓碑文。说起来这个那个庙都是年代可多了，什么时候盖的，谁也说不清了。年代多了吧，他们骄傲地问。'多了多了，'我们高兴地回答：

'差不多一千四百年了。''呀，一千四百年！'我们便一齐骄傲起来。"

一次又一次的意外惊喜、骄傲，散落在中国各处的古建筑，被这些执着的中国学者一一发现、拍摄、测量，记录在他们的考察报告中。但战乱的中国民生凋敝，何况几座旧时的建筑。那些建筑此时最合适的用途，是驻扎兵士、堆积粮草。

1940 年《华北古建调查报告》（梁思成）："在较保守的城镇里，新潮激发了少数人的奇思异想，努力对某个'老式的'建筑进行所谓的'现代化'。原先的杰作，随之毁于愚妄，最先蒙受如此无情蹂躏的，总是精致的窗牖、雕工俊极的门屏等物件。我们罕有机会心满意足地找到一件真正的珍品，宁静美丽，未经自然和人类的损伤。一炷香上飞溅的火星，也会把整个寺宇化为灰烬。"

1933 年《闲谈关于古代建筑的一点消息》（林徽因）："在这整个民族和她的文化，均在挣扎着他们重危的运命的时候，凭你有多少关于古代艺术的消息，你只感到说不出的难受。如果我们到了连祖宗传留下来的家产都没有能力清理或保护，乃至于让家里的至宝毁坏散失，或竟拿到旧货摊上变卖，这现象却又恰恰证明我们这做子孙的没有出息，智力德行已经都到了不能堕落的田地。这消息简单地说来，就是新近有几个死心眼的建筑师，放弃了他们盖洋房的好机会，卷了铺盖到各处测绘几百年前他们同行中的先进，用他们当时的一切聪明技艺所盖惊人的伟大建筑物。"

1933年秋，就在林徽因的这篇文艺随笔发表之际，梁思成、刘敦桢、莫宗江一行的山西古建考察，到达了山西的应县木塔。

1933年，梁思成给林徽因的信："今天正式地去拜见佛宫寺塔，好到令人叫绝，喘不出一口气来半天。我的第一个感触，便是可惜你不在此同我享此眼福。不然我真不知，你要几体投地的倾倒。这个塔真是个独一无二的伟大作品，不见此塔，不知木构的可能性到了什么程度。我佩服极了，佩服建造这塔的时代和那时代里不知名的大建筑师、不知名的匠人。"

应县木塔经历了将近一千年地震、兵荒马乱的纷沓，还有对木构最致命的雷击，以及风雨吹淋，都没有受到损害。台阶上石头雕刻的角兽，已经风化残缺，但是看似脆弱的木头反而什么问题都没有。它的木构经过一千年的互相挤压、咬合，拧成一个整体了，这个结构神奇到不得不令人感叹巧夺天工。

又是一座辽代的木建筑，应县木塔建于公元1038年，和日本学者曾经宣称的中国最古寿木建筑——大同华严寺薄伽教藏殿同寿。作为纯木结构塔，为海内孤例。

林徽因写道："中国建筑的演变史，在今日还是个灯谜，现在唐代木构在国内还没有找到一个，而宋代所刊《营造法式》又还有困难，不能完全解释的地方。这距唐不久、离宋全盛时代还早的辽代，居然遗留给我们一些顶呱呱的木塔、高阁、佛殿、经藏，帮我们抓住前后许多重要的关键。这在几个研究建筑的死心眼人看来，已是了不起的事了。"

1933 年梁思成给林徽因的信："相片已照完，十层平面全量了，并且非常精细，将来誊画正图时可以省事许多。明天起，量斗拱和断面，又该飞檐走壁了。我的腿已有过厄运，所以可以不怕。"

在这些考察中，有的林徽因参加了，有的没有参加。共同的考察项目，两个人总会用不同的笔触加以描绘。林徽因不在现场的时候，梁思成总是写最快的信，与林徽因及时分享第一手的喜悦和成果。这对建筑"痴心人"已经把两个人绑成了一个人，以共同的赤子之心投身在建筑史学中，酣然如醉。林徽因将建筑的美融进了她的诗篇中：

> 是谁笑得那样甜　那样深
>
> 那样圆转　一串一串明珠
>
> 大小闪着光亮　迸出天真
>
> 清泉底浮动　返流到水面上
>
> 璀璨
>
> 分散

是谁笑成这百层塔高耸

让不知名鸟雀来盘旋　是谁

笑成这万千个风铃的转动

从每一层琉璃的檐边

摇上

云天

——1936 年 林徽因《深笑》

第八章　石头的心胸从不倚借梦支撑 [1]

茫茫中国大地上到底还有没有唐构建筑，如果有，它在哪里？

梁思成、林徽因与营造学社的同人们四处搜索，却遍寻不到。

"中国已不存在唐以前的木构建筑，要看唐制木构建筑，人们只能到日本奈良去。""研究广大之中国，不论艺术，不论历史，以日本人当之皆较适当。"言下之意，中国人不具备研究自己艺术和历史的能力。伊东忠太等日本学者的话不断回响在耳边，激起了中国学者们更大的决心和毅力。

梁思成的梦想，看起来是那么难以实现。他甚至做了最坏的设想，但是如果中国这样的东方文明古国，若果真失去了那些技艺卓绝的古建筑，对文化鉴赏与现代研究该是多么痛心的事情。梁思成无论如何不愿接受这个结果。他和林徽因在一次次失望中，又一次次互相勉励重燃希望之火，这希望之火哪怕只有一星点，他们也要踏破铁鞋寻觅而去。

1　林徽因：《红叶里的信念》，《新诗》1937 年 1 月。

在他们的眼中,建筑最能代表一个民族的思想和文化。迎难而上,找到唐代建筑,向世界、向日本做个确凿的明证。中国建筑的不朽,必须要由中国人去发现并证明!

凭这股民族志气,梁思成等人愈加加紧了丈量的步伐。战争的消息已经远远传来,要赶在炮火轰响之前,要赶在古建筑被旦夕摧毁之前,要赶在他国学者来到之前……

如果这座建筑真的存在,她一定是在人迹罕至的偏远之地,远离尘世,不惹人注意。他们一遍遍在心里祈祷着,他们坚信她一定还在中华大地上等待着被发现。

据统计,梁思成、林徽因在 15 年间跋山涉水,跑了190 个县,对 2738 处古建筑进行了调查,他们对众多的珍贵古迹和国宝进行了研究、拍摄、记录,两人一个因车祸只能终身跛着脚走路、靠支撑脊背的钢架站立,一个常年被严重的肺病折磨,靠着惊人的毅力和对古建筑的一腔热爱,他们拼尽了全力,奉献出了自己毕生的知识、才华和健康。

他们出身名门,从小养尊处优,却忍受着考察路途中的恶劣环境,睡肮脏的旅馆,被跳蚤咬,爬树上房攀梁越墙,甘冒酷暑严寒,甚至常常吃不上饭。

那几年军阀割据,战乱中的中国极端贫穷。他们拿着比实物价格高十几倍的钱,求老乡给做一顿饭吃都不行。粮食极度短缺,再多的钱也买不到。常常,他们费尽全力搞到的最丰盛的饭食,无非就是一钵黑乎乎的说不清是什么做的面条。运气好一点的时候,一个人可以吃到一个馒头,就着凉水咽进肚子里。

在野外调查，交通方式是乘坐木轮的马车，或骑驴、骑马或步行。经常走着走着遇到骤然而至的暴雨，大家被瞬间淋透，荒郊野外连个避雨的地方都找不到。

晚上住宿，如果能住宿在学校、庙宇中就算是好去处了，否则只能在大车店与蚊蝇壁虱为伍，整夜被咬得睡不着觉。

他们考察用的设备也是很简陋的。除了测量和照相的仪器之外，他们的装备大部分都是自制的小器件，是组员们在积累了经验之后自己设计和改进的。他们自制的"电工包"，可以随身背到一切需要攀缘的危险地方，"电工包"在手，轻松实现"囊中取物"，需要什么都不愁。

令营造学社成员、梁思成的主要助手莫宗江印象最深的是梁、林二人的奋斗精神。在他的记忆中，梁思成总是吃苦耐劳，与大家共同进退。他不畏艰险，总是身先士卒，什么地方有危险，他一定是自己先上去。有一次，一行人正要上马出发，梁思成突然被马狠踢一脚，他当即倒在地上，半天说不出话来，只见大颗大颗的汗珠从头上滚落下来。看到他痛苦的样子，大家都认为走不成了。没想到他硬是挣扎着爬起来，瘸着腿艰难地爬上马背，咬牙按时出发了。这种勇敢的精神感人至深。更可贵的是林徽因，毫无富贵小姐的做派。她看上去是那么弱不禁风的女子，到了考察现场她立马化身"女汉子"，风风火火，雷厉风行，只要需要爬梁上柱，男子能上去的地方，她就准能上得去。

考察的艰辛不仅来自恶劣的生存条件，还在于时局风险，在长途跋涉中他们要提防土匪；到考察点，爬上风蚀了数百数千年的旧寺古塔，要倍加注意坠落的危险。梁思成有记述："今天工作将完时，忽然来了一阵'不测的风云'，在天晴日美的下午五时前后狂风暴雨，雷电交作。我们正在最上层梁架上，不由得不感到自身的危险。不单是在二百八十多尺高将近千年的木架上，而且近在塔顶铁质相轮之下，电母风伯不见得会讲特别交情。"

在林徽因的笔下，从来没有抱怨没有委屈，对古建筑的强烈喜爱远远盖过了那些风餐露宿的艰难、臭虫满身的尴尬，她的笔下总是汩汩流出明媚的诗意：

　　我们因为探访古迹走了许多路；在种种情形之下感慨到古今兴废。在草丛里读碑碣，在砖堆中间偶然碰到菩萨的一只手一个微笑，都是可以激动起一些不平常的感觉来的。乡村的各种浪漫的位置，秀丽天真；中间人物维持着老老实实的鲜艳颜色，老的扶着拐杖，小的赤着胸背，沿路上点缀的，尽是他们明亮的眼睛和笑脸。由北平城里来的我们，东看看，西走走，夕阳背在背上，真和掉在另一个世界里一样！云块，天，和我们之间似乎失掉了一切障碍。我乐时就高兴地笑，笑声一直散到对河对山，说不定哪一个林子，哪一个村落里去！我感觉到一

种平坦，竟许是辽阔，和地面恰恰平行着舒展开来，

感觉的最边沿的边沿，和大地的边沿，永远赛着向

前伸……（《山西通信》）

1. 考以致用

作为人类宝贵的文明遗产，对古建筑进行考察固然重要，如何形成完善的保护措施更加重要。营造学社在考察之余，不遗余力地在国内推动着对古建筑的保护工作。外国成熟的古建筑保护经验被他们引进中国，他们还邀请关野贞作《日本古建筑之保护》的报告，并将报告全文翻译后刊登在《营造学社会刊》。营造学社会刊不仅刊登考察成果，还成了宣传保护古建筑的阵地。不仅如此，梁思成在每一次野外考察之后，都会向当地有关部门提出详尽的书面保护措施及长远的保护计划。胸怀历史的学者才懂得怎样使历史得以久存。

从 1931 年开始，梁思成等人受故宫博物院委托对部分角楼、文渊阁楼面、南薰殿及景山万春、辑芳、周赏、观秋、富览五亭进行了修葺。

1932 年在北平市政府主持下，与各文化机关共同组成圆明园遗址保管委员会，共同议决保管章程十四条，交工务局执行。

1934 年至 1937 年，中央研究院拨款 5000 元给营造学

社，要求学社将故宫全部建筑都测绘出来，出一本专著。由梁思成负责，邵力工协助。

1934年、1936年应中央古物保管委员会之邀，为应县独乐寺及应县佛宫寺木塔、赵县大石桥拟订修葺计划。

1935年2月梁思成奉教育、内政部命令，到曲阜勘察孔庙，并做出十三万字的修葺计划。

1935年，北平成立旧都文物整理委员会，梁思成、刘敦桢担任技术顾问，北平城的一大批古代建筑开始进行维修。负责天坛祈年殿工程维修的，是杨廷宝所在的天津基泰工程司，由梁思成、林徽因担任修缮顾问。

1936年5月林徽因率刘致平、麦严增等测绘北海静心斋。

……

内忧外患纷起，国家与民族象征成为当时国民的精神需求，建筑物的"中国固有式"风行一时。

1933年至1935年梁思成相继设计了北京大学女生宿舍和地质馆。任立公司铺面改建向梁思成提出了必须具备"中国固有式"风格的要求，梁思成因地制宜，做出的设计方案没有依托中式屋顶来体现，而是在总体建筑的权衡比例和门窗设计上加以点睛。

应建筑界对古建筑参考资料的渴求，从1934年开始，在梁思成的主持下，由刘致平从营造学社历年收集的4000余张图片中选择了部分具有设计参考性的图片编成专集——《中国建筑参考图集》。本书中，梁思成对国内建筑业现状提出了自己的忧虑。

在当时的中国，研究建筑显然很不"时髦"。睁开眼看世界的中国人，普遍觉得外国的花开得更香。建筑更不用说，西式成为流行，传统被批陈腐。事实上，西方有先进之处，东方也有可取之优。不是一切西方的都是好的，也不是全部传统的就是对的。在吐故纳新的变革时代，汲取他人之长固然重要，把本国文明一锤否决，显然会成为历史损失、民族之殇。在人为"改善"的旗帜之下，许多民族特色建筑毁于一旦，这比战争炮火下被摧毁还要令人扼腕痛惜。

梁思成认为，在当时的中国，保存、复兴都将成为时代发展重要议题。在发展与创造之间要学会鉴别，加以重视。艺术创造不能完全脱离以往的传统基础而独立。发挥新创必然都曾受过传统熏陶。就算接受西方思想与艺术，也并不意味着两者互不兼容。做到有创新的外形，有本土的精神是完全可以的。如南北朝的佛教雕刻，或唐宋的寺塔，都起源于印度，非中国本有的观念，但结果仍以中国风格造成成熟的中国特有艺术，驰名世界。艺术的进境是基于丰富的遗产上，今后的中国建筑自然不能例外。采用科学方法，在建筑上采用西洋方法，由有学识、有专门技术的建筑师担任指导。在科学结构之外，在艺术范畴的处理上，中国仍然应当有自己的表现形式，这才是中国人美感与智慧的结合。

但因为最近建筑工程的进步，在最清醒的建筑理论立场上看来，"宫殿式"的结构已不合于近代科学及艺术的理想。"宫殿式"的产生是由于欣赏中国建筑的外貌。建筑师想保留壮丽的琉璃屋瓦，更以新材料及技术将中国大殿轮廓约略模仿出来。在形式上它模仿清代官衙，在结构及平面上它又模仿西洋古典派的普通组织。在细项上窗子的比例多半属于西洋系统，大门栏杆又多模仿国粹。它是东西制度的勉强的凑合，这两制度又大都属于过去的时代。它最像欧美所曾盛行的"仿古"建筑（Period architecture）。因为靡费侈大，它不常适用于中国一般经济情形，所以也不能普遍。有一些"宫殿式"的尝试，在艺术上的失败可拿文章来比喻。它们犯的是堆砌文字，抄袭章句，整篇结构不出于自然，辞藻也欠雅驯。……我们还要进一步重新检讨过去建筑结构上的逻辑；如同致力于新文学的人还要明了文言的结构方法一样。……现在我们不必削足适履，将生活来将就欧美的部署，或张冠李戴，颠倒欧美建筑的作用。我们要创造适合于自己的建筑。[1]

1　梁思成：《为什么研究中国建筑》，见梁思成著，林洙编：《大拙至美》，中国青年出版社 2013 年 8 月北京第 1 版，第 33 页。

由此可见，远在几十年前，梁思成就已经形成东西方建筑结合的科学思想，他的中式建筑理论早已摆脱了所谓纯粹的"宫殿式"或者"大屋顶"。

2. 战前生活

1934 年夏天费正清夫妇邀请梁思成夫妇前往山西峪道河避暑。这片区域刚好在梁思成拟订的考察计划中，四个年轻人一道进行了一次考察之旅。这一次亲密无间、患难与共的长途陪伴，使他们的友情贴得更近了。

四个人每天三顿饭都在一块吃，费慰梅惊奇地发现，原来梁思成爱吃辣，平素沉静镇定的梁思成，在饭桌上却是妙语连珠。

行进在山西的路上，林徽因还在为报纸写文章，题目是《窗子以外》，描绘她难以触及的现实世界。20 世纪 30 年代也是林徽因文学创作的高峰时代，1934 年，林徽因发表短篇小说《九十九度中》。文学评论家李健吾说："在我们好些男子，不能控制自己热情奔放的年代，却有这样一位女作家，用最快利的明净的镜头、理智，摄来人生的一个断面，而且缩在这样短小的纸张上。"

对于这次旅程，林徽因怀揣建筑师的学识以诗人的眼睛在看在感受。汾阳城外峪道河源源清流顺山而下，闲散的山麓深处布满曲折的画意。曾经沿溪水而建的原始磨坊被平遥的电气磨机所取代，兴旺不再，人声远逝，辘辘轮声消寂下来，空静的磨坊，成了许多洋人避暑的别墅。十几天的时间里，他们便住在这样一座别墅里。

以汾阳峪道河为根据地，他们向临近的几个县做了多次的旅行，去过的八个县为：太原，文水，汾阳，孝义，介休，灵石，霍县，赵城。其中介休距离赵城之间远隔300多里，由于同蒲铁路正在炸山兴筑，公路大部分被毁。在长长的300里中有大半的路途靠的是徒步。餐风宿雨，整整两周艰苦简陋的生活，与寻常都市相较，就像隔了两个世纪。

对于林徽因来说，尽管考察之路艰辛，却总能带给她莫大的幸福与无拘无束的自由。在面对家庭时，她常常感受到精神和体力上的无谓消耗，而有些纷争甚至带给她切肤的痛苦。弟弟林恒住在她家时，她的母亲因为父辈之间的愤恨之意常常借题发挥，对林恒态度蛮横。回到北平，家庭人事关系上的百般滋味令林徽因夹在弟弟和母亲之间疲于周旋。

20世纪30年代社会激烈动荡，林徽因、梁思成始终恪守只做学问，不介入政治运动的信条，但是生活在不平静的时代里，又怎能与政治毫无瓜葛？1935年12月9日，北平发生了"一二·九"运动，反对日本人一手策划的"华北自治"。战争的乌云，开始笼罩中国大地。这年年底，费正清夫妇结束了近四年的中国之行，准备回国。费正清充满深情地表白："离开思成、徽因让人黯然神伤，共度的日子让我们已不分你我，难以割舍。徽因成了我和慰梅最亲密的朋友。分别令人心碎。"（《费正清对华回忆录》）

中国国内的局势已经一触即发，热血青年们再也无法安于学校生活对一切视而不见，爱国学生们纷纷走上街头游行示威，却惨遭军警的追捕镇压，甚至有的被打得奄奄一息。

林徽因最疼爱的同父异母弟弟林恒也参加了游行，他惨遭毒打，失踪了将近 12 个小时。林徽因焦急地到处打电话探询弟弟的下落，梁思成则开着汽车到一家家医院，在受伤的学生中找寻，可是依旧不见林恒踪影。直到半夜他们才得着消息，林徽因自己驾车到西城一个僻静小巷把弟弟接了回来。等到身体复原，倔强的林恒一句话不说，毅然放弃了清华大学工程系的学业，投考空军航校。

北总布胡同三号在一段时期内成了进城游行学生的接待站和避难所，一个学生被大刀砍得血流满面，林徽因连忙给他包扎急救。梁思成的五妹梁思懿最与林徽因谈得来，她担任燕京大学"中华民族解放先锋队"的大队长，是游行队伍的领袖。梁思懿得知自己上了黑名单后，当晚跑到大哥大嫂家中。梁思成、林徽因都觉得五妹应该立刻逃离北平。林徽因连夜用火钳为她烫发，给她戴上耳环，抹上脂粉，还在她身上套了件绸子旗袍。如此一装扮，大学生霎时变成时髦的"少奶奶"。林徽因把"少奶奶"藏进小汽车，梁思成一路将其护送到火车站，送上南下的列车。临别前交代好思懿，途中凶吉，用电报给他们报信，平安即发贺电，出事则是唁电。结果林徽因得到一封"恭贺弄璋之喜"的电文，三天的焦虑才石头落地。经历过被当局军警用刺刀背的敲打之后，久久无法平静的梁思懿加入了中国共产党，成了一名积极活跃的共产党员。

在第一次游行示威之后，很快又有第二次、第三次游行示威。全国民众的爱国热潮和全民抗日的请愿下，蒋介石只好宣布全面投入抗战。

从这时起，清华大学已经做好应对，准备南迁。梁思成和林徽因也开始进入陆续打包的准备中。1931年，由于时局动乱他们放弃了第一个在东北的家，许多东西被迫遗弃。时隔四年，他们辛苦经营的家，又一次被时局所迫不得不放弃。四年的安稳日子凝结了太多的欢乐、争吵，那些欢乐和争吵在回忆中全部变得可爱起来。林徽因的悲伤感染了梁思成。他们不由得为昨日之日依依不舍，又为未来之来迷惘困惑。

生活如何继续，事业如何前行？希望，悬在那里，一片模糊。但民族灾难当前，他们不能不握紧拳头主动迎接一切挑战。作为中国人，他们内心充满隐忧，侵略者的铁蹄踏过之处，岂有安卵存焉？

但是，在炮火落在身边之前，他们不会无所事事地被动等待。他们埋在资料堆里不停查证，他们在中国地图上反复圈点，是的，还能争取一点时间为建筑事业多做一点事情。

3. 最后的华北之行

1937 年夏天，梁思成、林徽因把 8 岁的女儿和 5 岁的儿子托付给在北戴河度假的大姐思顺一家，与莫宗江等人第三次前往山西考察。

外忧内患带来强烈的不安定，在军匪出没的道路上，梁思成们的心情一直是压抑着的，他们以中国一定会有唐代木构遗存的信念支撑着漫长而艰苦的寻访，直到在险峻崎岖的山路上足足走了两天之后，黄昏时分，他们突然望见了夕阳下金光照射着的宏伟殿宇，硕大的斗拱，飞翘的深檐，既张扬内敛，又雍容轻巧，闪射着迷人的光亮。这会是大家日夜祈愿的那个奇迹吗？兴奋顿时使众人浑身的疲惫消失得无影无踪，多年的辛苦在这一刻化为惊喜的欢呼和热泪。

他们终于得到了梦寐以求的最高奖赏——一座尚存的唐代木结构建筑，这个足以引领他们彪炳史册的重大发现，偏巧发生在 7 月 7 日这天。

他们在多年探寻中遭遇的失望和打击实在太多了。经验表明越是著名、富有的地方，慕名而去越容易失望而归。那些被后世改建或重建的建筑乏善可陈。于是，梁思成改变策略重点探访那些默默无闻、人迹罕至、地处偏远的地方。他给围绕整个山岳地区的道路绘制了地图。在地图中他特别标明法国汉学家伯希和所写的《敦煌石窟》一书中披露的 117 号洞中两张唐代壁画的内容。这两张壁画描述了佛教圣地五台山的全景并指出了每所寺庙的名字。其中就有这座历尽千辛万苦终于出现在他们面前的佛光寺。

佛光寺建于公元 857 年，建在山边一处很高的台地上，周围古松环绕，所处环境格外幽僻。那巨大、坚固、简洁的斗拱和延展而出超长的屋檐，第一眼就能判断得出年代已经相当久远。梁思成和林徽因努力按捺住第一眼惊鸿一瞥带来的强烈冲击和由此引发的巨大惊喜。他们深知所有的研究都要足够审慎严谨，作为营造学社的学者，必须沉心静气仔细排查出万无一失的证据才能下断论。

当巨大的门缓缓打开，在一片昏暗中，辉煌绚丽的菩萨坐像出现在眼前。侍者们环菩萨而立，犹如一座仙林。梁思成与林徽因分析，整个塑像群，尽管由于最近的装修而显得色彩鲜艳，无疑仍是晚唐时期的作品。由此可以推断，如果泥塑像是未经毁坏的原物，那么庇荫它的房屋必定也是原来的唐代建筑。因为重修房子必定会损坏里面的一切。

带着这个推断，他们从第二天开始了仔细的调查。斗拱、梁架、藻井以及雕花的柱础……无论是单独构件还是整体结构都在明白无误地表明这是晚唐时期的特征。当他们爬进藻井上面的黑暗空间时，梁思成看到了一种屋顶架构，这种屋顶的做法，只有在唐代绘画中才有，即使用双"主椽"（借用现代屋顶架的术语），而不用"王柱"。唐之后，这种构造便失传了，这个发现无疑在营造学社团队中间引起了一阵小小轰动。

在这个穹然高起的黑暗空间里，在一架架木质华美的构件上住着好几千只蝙蝠，它们聚集在脊檩上边，就像厚厚的一层鱼子酱一样。密密匝匝的蝙蝠紧紧覆盖在上面，这就给考察工作增添了难度，梁思成他们没有办法找到在上面可能写着的日期。

顶棚上覆盖着几百年积存下来的尘土，尘土上又有千千万万吃蝙蝠血的臭虫，不时有蝙蝠的小尸体横陈其间。他们站在上面，忍受着厚厚的口罩掩盖不住的污浊秽气。在几乎完全黑暗的环境里，在尘土、臭虫、蝙蝠中，他们连续好几小时测量、画图和用闪光灯照相。

当他们终于钻出屋檐，冲到外面大口呼吸新鲜空气时，发现在背包里爬满了千百只臭虫。每个人都被虫子咬得满身痒痛。可是每一次发现都带来一重收获，在收获的喜悦中，他们已经全然顾不上身体的痛苦了。精神上的极大喜悦充溢其中，他们没有时间谈论个人伤痛，只觉得那些意义重大的发现成就了多年来寻找古建筑中最快乐的时光。

在大厅的墙上，他们很快发现了一幅公元1122年的壁画。这幅壁画的旁边还有一幅壁画，只剩一小块墙皮，又在一个不显眼的地方，上面画着一个菩萨和他的侍从，这幅壁画明显年代更久远，一望而知艺术价值非凡。这一幅和敦煌石窟壁画的相似性极其惊人。梁思成推断除了唐朝之外不可能是其他时期的作品。到目前为止，这应该是国内在敦煌石窟以外的中国本土唯一现存的唐代壁画。

在大厅里工作的第三天，林徽因在一根梁的根部下面注意到有中国墨的很淡的字迹。这个发现非同小可。按照中国人的习惯，没有比实际写在庙的梁上或刻在石头上的日期更让人值得庆贺了。富丽堂皇的唐代建筑已在面前，但它的建造日期仍是谜题。唐朝从618年一直延续到906年，这么长的时间跨度，只有一个日期是属于这座庙宇的。现在这带有淡淡字迹的木头也许就能提供出考察团队盼望已久的答案。

当大家忙着想办法在佛像群中搭起脚手架以便清洗梁柱和就近审视题字时，林徽因干脆爬到上面去一探究竟。她把头尽量往后仰，忍着疼保持着这个姿势，从下边各个不同角度尽力辨识梁上的文字。终于，她认出一些隐约的人名，还带有长长的唐朝官职。其中最重要的是最右边的那根梁上，当时依稀可辨的是："佛殿主女弟子宁公遇。"

施主是个女的！发现这条信息的年轻建筑学家，本身也是个女人。这个女人将成为第一个发现中国最古老建筑的人，而这座庙的施主竟然也是个女人，显然不是一个偶然的巧合！林徽因生怕会由于过于激动而误识了不易辨识的字。但她很快想起来她在外面台阶前经幢石柱上看到过类似的带官职的人名。她离开大殿，大步流星去核实她在石柱上看到过的刻字。她大喜过望地发现，除了一大串官名以外，石柱上赫然也写着同样的句子："佛殿主女弟子宁公遇"。石柱上刻的年代是"唐大中十一年"，也就是公元857年！

在这座大殿里，他们找到了唐朝的绘画、唐朝的书法、唐朝的雕塑和唐朝的建筑。每一样单独拿出来，都是稀世之珍，四样加在一起因其无与伦比的历史价值与艺术价值被人们称作"四绝"。

这一刻令中国人在建筑领域足以扬眉吐气，可以不再去理会日本人的狂言。正值夕阳晚照，蔓草轻拂，殿前庭院里一片灿烂。他们取出本来用作应急的饼干、牛奶和罐头沙丁鱼，倾其所有地好好地、痛快淋漓地欢庆了一顿，顾不得明天是否有断餐之忧。

梁思成、林徽因、莫宗江、纪玉堂分工明确，他们在佛光寺工作了一个星期，勘察、测绘、照相、绘图，并且对整个建筑群做了详细的记录。梁思成是国家古迹保护委员会的委员，离开佛光寺前，他将这个重大发现报告给了山西省政府和国家古迹保护委员会。梁思成将佛光寺作为民族瑰宝列入了第一序列保护计划。这座唐代寺庙的保护工作刻不容缓地要立即开动起来。梁思成和林徽因殷殷叮嘱长老，切不可再进行任何人工的改造，盲目的改造就是对古迹的伤害，一定要在日后按照他们的计划进行。他向佛光寺的长老承诺明年一定会再来，来的时候还要带来政府基金用来修葺寺庙。

然而，远方已起硝烟，当炮火轰炸在祖国大地时，一切许愿都已经变成残酷的一厢情愿。

7月15日傍晚，在辛苦工作一天之后，梁思成得到了一捆报纸。这捆因为公路被水淹而延迟了几天的报纸是从太原带过来的。当他们回到帐篷放松地躺在帆布床上读报时，赫然在目的大标题是：日军猛烈进攻我平郊据点。

战争爆发已一星期了。

一个月之后，北平沦陷。

几经波折，当他们沿北路躲开日本和傀儡军队绕道回家时，他们的情绪在大起大落之后变得异常低沉。低沉之后，他们仍要面对现实，厘清思路。两个人都是说做就做的行动派。他们没有时间用来悲戚和沮丧，必须要做出决定了。1935年已经开始的打包，现在要马上做出决断。必须留下的，必须烧掉的，必须带走的，必须做处理的，现在必须急切地完成。

一天，梁思成忽然收到落款为"东亚共荣协会"的请柬，邀请他去参加会议。他知道，日本人已经注意到自己了，如果不想当汉奸，就必须马上离开北平。匆忙中，他们只来得及整理几件随身换洗的衣服，其他的，贵重的，或者别有意义的，无论是否忍心，都只能全部丢弃掉。

营造学社考察过的地区，有很多已经落在了日本人手中。但是，那些珍贵的考察资料万万不能被日本人找到。这些，是营造学社全体同人的心血，比世上的任何珍宝都要宝贵。那些图画、照相底片和照片、模型、研究笔记、档案和图书等最重要的材料打好包，必须送到一个稳妥的地方保存起来，这个地方必须不会被战争侵犯，不会被炮火轰炸毁损。几经考量，他们将这批资料存在了天津一家英国银行的地下保险库里。

国内局势骤变，为了不重蹈满洲、台湾、朝鲜的历史覆辙，挫败日本军国主义者想要限制被征服民族智力发展的图谋。为维护中华文化的生机，保存文化生发的活力，北大、清华、南开大学决定在湖南长沙联合建立一所"流亡的"联合大学。联大在日军侵略的铁蹄声中，以壮伟的漫漫长征拉开帷幕。

在轰轰烈烈的流亡人群中，梁思成和林徽因带着女儿、儿子，还有林徽因的母亲何氏，他们在大半个中国辗转迁移，一边寻找交通工具、宿营地，绞尽脑汁尽量满足吃喝用度，一边躲避炮火和随时会成片洒落下来的炸弹。梁家人扶老携幼，由北平到天津，然后坐船到青岛，途经济南，经过数次换车，最后到达长沙。

诸位好友也已经陆陆续续从北平齐聚到中国的西南边陲。大约从8、9月动身，金岳霖在一封信里描述，在漫漫长途中经历过各式各样的麻烦之后，他最终抵达长沙时已经进入 10 月。

4. 被战争打断

林徽因是中国第一位建筑学女教授，第一位女建筑师，又是唯一登上天坛祈年殿宝顶的女建筑师。在中国现代建筑学史上，素来梁、林并称，两人你中有我，我中有你，不可或分。

梁思成为《清式营造则例》写序时特别说明："内子林徽音在本书上为我分担的工作，除'绪论'外，自开始至脱稿以后数次的增修删改，在照片之摄制及选择，图版之分配上，我实指不出彼此分工区域，最后更精心校读增削。所以至少说她便是这书一半的著者才对。"

林徽因的诗作、剧本、散文、短小说，在当时已经引发热捧。1937 年春天出版的《新诗》杂志上刊登了她即将出版诗集的预告。就在她忙于野外古建筑考察时，战争爆发了。编好的诗集在战火中流落、散佚，由此她不仅错过了生前唯一一次出版诗集的机会，她的诗再也没有完整地出现在世人面前。她的后人经多方搜寻，终于在 1985 印行了《林徽因诗集》，这离她立志出版诗集将近 50 年，距她病逝也已整整 30 年了。正如林徽因自己说过的，时代在变化，很多现时的东西不加以呈现就会很快被时代淘汰。但她的诗虽然隔着时代依旧被几代人传诵。梁思成最喜爱的是那首《一串疯话》：

好比这树丁香，几枝山红杏，

相信我的心里留着有一串话，

绕着许多叶子，青青的沉静，

风露日夜，只盼五月来开开花！

如果你是五月，八百里为我吹开

蓝空上霞彩，那样子来了春天，

忘掉腼腆，我定要转过脸来，

把一串疯话全说在你的面前！

梁思成始终在坚持着自己的信念。即使是早在1931年和1932年每次考察旅行都是由于越来越近的新一轮日本大炮的震响而突然中断了有意义的工作。在被炮火阻止考察之前，他们决定要在这个地区全力以赴。

尽管他们总是不断被战争打断，但他们往往回报以顽强和倔强，尽量做到不被战争真正打断。几经思考，梁思成与远隔重洋的费慰梅做出计划，要把自己的学术资料做一次整理，把他的建筑学论文从中文译成英文。费慰梅答应帮忙在美国找到一家出版社。

作为中国近代历史上最有影响的报纸之一，以及国内文学最活跃的阵地，天津《大公报》被日本人下令无限期停刊。日本人组建了《联合亚洲先驱报》来代替它。林徽因作为著名作家收到了给该报文艺副刊写稿的邀请。更令她气愤的是，这份报纸的工作人员中居然还有50位中国人。强烈的民族感让林徽因怒不可遏地发出质问："难道他们不知道他们在做些什么吗？"梁思成则一把将报纸扔进了火炉。

这个时候的林徽因、梁思成，并没有意识到他们的学术、艺术上的巅峰伴随这场战争已经结束。此后，他们要面临漫长的战争和史无前例的政治斗争。明天是什么样子？他们来不及揣想，已经不由自主踏进了历史的洪流，历史要带他们到何处？他们也无从猜想。

在战争和国难面前，个人的一切都显得不再那么重要，林徽因给女儿梁再冰的信里写道："现在我要告诉你，这一次日本人同我们闹什么。你知道他们老要我们的'华北'地方，这一次又是为了一点小事，就大出兵来打我们。我们希望不打仗事情就可以完，但是如果日本人要来占领北平，我们都愿意打仗，那时候，你就跟着大姑姑那边，我们就守在北平，等到打胜了仗再说。我觉得现在我们做中国人，应该要顶勇敢，什么都不怕，什么都顶有决心才好。"

这封信历经战乱、多次搬家、远途迁徙、"文化大革命"后奇迹般地被保存了下来。信里流露出的是字里行间的习习风骨，铁气铮铮若男儿。

山河破碎，生命脆弱，离开北平前，罹患肺病的林徽因做了一次身体检查，医生警告她严禁疲劳奔波。她的生命已经不得不颠簸在乱世江山，警告只归警告，脚步却已向前，她在给沈从文的信中无奈地叹息："但警告白警告，我的寿命是由天的了！"

这年，林徽因 33 岁。

第九章　透那么一点灯火 [1]

　　"我们太平时代考古的事业，现在谈不到别的了，在极省俭的法子下维护它不死，待战后再恢复算最为得体的办法。个人生活已甚苦，但尚不到苦到不堪。我是女人，当然立刻变成纯净的糟糠的类型。租到两间屋子，烹调，课子，洗衣，铺床，每日如在走马灯中。中间来几次空袭警报，生活也就饱满到万分。"（《林徽因给沈从文的信》）

　　刺耳的空袭警报不时划破长沙的上空。北大、清华、南开的1600百名师生抵达这里后，国民政府决定在长沙组成临时大学。

　　在长沙第一次遭到空袭时，梁家的住宅差不多是直接被一颗炸弹命中。这个临时的家有三间房子，炸弹落下来的位置仅仅距离住宅大门约13米远。当时全家人都在。梁再冰、梁从诫在长途跋涉中生病了躺在床上，在不远处的投下的两颗炸弹引起的可怕炸裂和轰鸣声中，出于本能反应，梁思成抱起梁再冰，林徽因抱起梁从诫以不可思议的速度冲下楼梯，往外面跑。正在此时，炮弹落下来了，房子瞬间坍塌，林徽因抱着梁从诫一起被炸飞又摔到地上。

1　林徽因：《静院》，《大公报·文艺副刊》1936年4月12日。

奇迹般地，全家人都没有受伤。这时房子开始裂开，玻璃的门窗、镜框、房顶、天花板，全都倒下来雨点般地落到他们身上。他们从旁门冲出去，大街上一片黑烟滚滚。

轰炸并没有结束，他们向联大的防空洞跑去时，眼睁睁看着另一架轰炸机正在下降。他们停止奔跑，心想这次跑不掉了，倒不如大家要死死在一起，省得孤零零地活着受罪。依然像个奇迹，这最后的一颗炸弹竟然没有爆炸，而是落在街尽头。

在一片废墟中，一家人开始清理自己的东西，在碎玻璃和垃圾堆中他们找回来少得可怜的那点家当。当天晚上，他们只能在朋友家暂住。

无论多么残酷的战争和威胁都带不走他们心中的光明和温暖。

在弥漫着生死恐慌的长沙城，北总布胡同的老朋友们又会合在了一起，他们像当年一样，每天晚上到梁家聚会。"在轰炸之前，我们仍旧一起聚餐，不是到饭馆去，而是享用我在那三间房子里的小炉子上的烹饪，在这三间房子里，我们实际上做着以前在整个北总布胡同三号做的一切事情。对于过去有许多笑话和叹息，但总的来说我们的情绪还很高。"（《林徽因给费慰梅的信》）

炮火硝烟激发起了这群知识分子愈加高涨的爱国热情，每次聚会分别之前大家总要高唱抗日救亡歌曲，从"起来，不愿做奴隶的人们！……"唱起，一直唱到"向前走，别退后，生死已到最后关头！"梁思成是乐队总指挥，一屋子男女老少那激昂的歌声，像一团火焰点燃的热血，燃烧在每个人的心中，国家兴亡，匹夫有责，这群温文儒雅的清华、北大教授像勇士一样为自己的心灵故土竖起飘扬的红色旗帜。

一个月后，梁思成和林徽因决定第一批离开长沙到云南昆明。作为先行者，他们做好了孤单的准备。张奚若和金岳霖为他们送行。

在途中，他们经过了沈从文的家乡，沈从文的哥哥接待了他们。在峰峦叠翠的湘西，林徽因的心被一片绿色的风吹起了美丽的遐思。"今天来到沅陵，风景愈来愈妙，有时颇疑心有翠翠这种的人物在。……天气好到不能更好，我如果不是在这战期中，时时心里负着一种悲伤哀愁的话，这旅行真是不知几世修来。说到打仗你别过于悲观，我们还许要吃苦，可是我们不能不争到一种翻身的地步。我们这种人太无用了，也许会死，会消灭，可是总有别的法子。我们中国国家进步了，弄得好一点，争出一种新的局面，不再是低着头的被压迫者！"（《林徽因致沈从文信》）

梁家前往昆明后，金岳霖写信给费正清夫妇："我离开了梁家就跟丢了魂一样。"

尽管沿途风景如画，梁家却在一路"晓行夜宿"。为了能挤上车，每天凌晨1点他们就要抱着孩子、背着行李、带着老人摸黑爬起，抢上座位一直干等到10点汽车才会开动。汽车没有窗户，在平路上跑得晃晃悠悠，盘旋到险峻的山路时，大家只能下来推车……

盘桓在阴冷潮湿的大西南山中，到达湘黔交界的晃县时，林徽因因肺炎爆发，高烧至40℃，行程不得不中断。夜幕来临，雨雪交加，梁思成抱着梁从诫，搀着林徽因，在黑暗泥泞的路上沿途寻找安身之处。流亡的难民挤满了几乎所有可以使人休息的地方。在绝望中，忽然有优美的小提琴声传来。寻着琴声，梁思成决定去碰碰运气，根据演奏者的水平，他判断拉琴的人不是来自北京就是上海。

在里面他遇上了一屋子空军学院的八位学员，他们是在等车到昆明去。年轻的空军学员们欢迎了他们一家，当晚，他们为逃难中的梁家挤出了一块栖身之地。晃县的邂逅，让这些航校的预备飞行员，日后把梁林夫妇视为在他乡的亲人。

被困在晃县等车的人中，有一位女医生，她曾在日本的一所美国教会医院受过训练，又曾专门研究过中草药。这位女医生因地制宜，给林徽因吃了一些根据西医理论处方的当地能买到的中药。两个星期以后林徽因的烧算是勉强退了。

他们继续上路。常常汽车坏在荒郊野外，他们要背着孩子在夜里摸索着找投宿之所，有时候车停下休息，他们只能带着老人孩子忍受小旅馆的肮脏。无论身处多难多苦的环境，林徽因依旧诗情满襟，她尽情欣赏着那玉带似的山涧、秋天的红叶、白色的芦苇、天上飘过的白云、老式的铁索桥、渡船和纯粹的中国古老城市。那些美好的景象在旅途中给她带来情感上的安慰，审美上的新鲜情趣。有一些被她写成风景诗或抒情诗，有一些化成她笔下滔滔的散文，字字珠玑，满纸美妙。

经过这么多的"故事"，原本计划的"十天艰难的旅行"实际经过了 39 天的艰苦跋涉，1938 年 1 月，梁家从长沙抵达了昆明。

离开北平前，梁思成因常常背痛，医生诊断他患了脊椎间软组织硬化症。经过旅途劳累，他的背痛恶化了，并且由于受了潮气，得了严重的关节炎。这些病症导致此后有一年的时间，他不能平躺在床上，只能日日夜夜半坐在一张帆布软椅上。此外，由于扁桃体化脓，医生为其切除了扁桃体。扁桃体手术后又引发了牙周炎，满口牙齿疼得吃不下任何东西，喝水都会引来剧痛，最后医生不得不拔掉了他满口的牙齿。乐观开朗的梁思成不仅没有气馁委顿，风趣的他反而因此常常自嘲已经成为一个名副其实的"无齿之徒"。

这场战争，不仅国家在满目疮痍中承受着阵阵剧痛，被彻底毁掉健康的梁氏夫妇更是遍体伤病。经过这场旷日持久的战争之后，他们再也没能享受到健康的生活。

1. 从长沙到昆明

1938 年 3 月初，联大的教师和学生陆续开始从长沙来到昆明。金岳霖、张奚若、周培源、陈岱孙、陈寅恪、赵元任、沈从文……他们有坐汽车的，有徒步行走的，还有从越南绕行的。张奚若一家来了，赵元任一家来了，陈寅恪也来了。金岳霖没有家累，他绕道香港、海防，从河内乘窄轨火车到了昆明。闻一多身穿长袍，挽着裤脚，长髯飘飘，和学生一起从湖南经贵州徒步行走到了昆明。中央研究院的一些研究所也迁移到了这里，思成的弟弟思永一家随着历史语言研究所来到昆明。

亲人、朋友们又见面了。北总布胡同的朋友们陆续到齐了。林徽因沉浸在重逢的巨大喜悦中，金岳霖和张奚若的笑，像往常一样温暖、诚挚、纯粹，这种美好的感受在某种程度上帮助让她暂时忘记了战争中的压抑。患难与共的朋友以真心证明了彼此属于同类人。

在这个陌生的环境里，那些熟悉的面孔又聚集起来了。像在长沙一样，像极了某种微型的北京生活，这种生活依然带有"太太的客厅"里的沙龙习惯。尽管物质相当匮乏，这群教授学者无不打起精神积极面对生活上的改变。聚会中，他们用彼此之间的情感温暖着时局动荡带来的不安。林徽因仍旧是聚会的焦点，她依然那么迷人、活泼、富于表情和光彩照人。

值得安慰的是昆明的天气明媚异常。来自北方的一群人在西南边陲感受到了别样风情，林徽因说的，这里有些地方很像意大利。只是，时局如此，林徽因不再有很多机会滔滔不绝地讲话和笑，因为在国家目前的情况下实在没有多少可以讲述和欢笑的。

实际上，大家在内心深处的都有些低落。虽然每个人都避免谈论，事实上他们都思念北平，心中怀着尽快回到北平的希望，而这希望又为现实引来诸多焦虑情绪。教授们说说笑笑，尽量多去谈论局促的房子、紧缺的食物。他们中的有些人身上穿的只有一套西装或一件长袍，箱子里并没有什么可替换的衣物。对这个联大的朋友圈来说，更大的问题是大学的校址直到现在还定不下来。有许许多多人为的障碍和物质的困难。在艰难的战乱中想要保持中国的大学高等教育并非容易的事情，教授们知道他们最终一定会成功的，只是在成功之前每个人都需要以坚强的意志克服掉内心的犹疑不安。

那些在晃县和梁家做朋友的学员们这时已从设在昆明的空军学院结业。他们邀请思成和徽因作为他们的家长出席他们的结业典礼。"他们以一种很天真的孩子气的方式依恋着我们。我们中间已产生了巨大的爱。他们到我家来或写信给我们，就像一家人一样。好几个都上了战场，有些则留在昆明，保护着我们的生活。其中一个我曾写信告诉过你，他拉得一手好提琴，是一个最让人怜爱的，现在

已经订婚了。别问我如果他结了婚又出了什么事，他的女朋友将怎么办。我们就是答复不了这类问题。"（《林徽因致费慰梅信》）

昆明的周末聚会中新加入的朋友就是晃县遇到的那群年轻飞行学员。而不久，林徽因的弟弟林恒也进入航校。作家萧乾回忆到他们在昆明的聚会，说：徽因就像往时谈论文学作品那样充满激情地谈论着空军英雄们的事迹，梁林成了这些远离家乡的小伙子们毕业典礼上的名誉家长。

在以后几年，这些飞行员全部在战斗中牺牲了。他们的遗物都被送到梁家。每收到一次遗物，林徽因总会伤心地大哭一场。

梁思成等到身体恢复一些，就开始了重建营造学社的努力。他制订出详尽的工作计划，以此致函中美庚款基金会，希望在他全力恢复营造学社的工作后继续得到资金支持。

基金董事周诒春回复，只要有梁思成和刘敦桢在，基金会便承认营造学社，可以继续给补助。正好刘敦桢从湖南新宁老家来信表明愿到昆明来，而后又有营造学社的几个骨干也陆续到了昆明，营造学社便又重新组建起来了。重新组建的中国营造学社只有六人，梁思成、林徽因、刘敦桢、刘致平、莫宗江和陈明达。战争，让他们流落到了此前七年考察尚未抵达的西南地区。

营造学社的办公室设在麦地村的一个旧尼姑庵中。工作室设在供奉着菩萨的殿内，用布帘遮住菩萨塑像，屋顶没有吊灯，桌上也没有台灯，完全靠窗子透进的自然光线采光。那窗子没有窗页，空空的，只有横竖的几股钢筋，间隔着屋子的内外。所谓工作台，也不过是农村供奉祖先牌位的供桌，或是木架支撑着一块木板。至于其他陈设，仅1张简朴的圆桌和1把古旧的太师椅。陋室关不住风雅。林徽因常采来路边野花插进瓶瓶罐罐，让花香溢满屋子，阳光斜照在花上，生出奇异的野趣之美。内心丰富的两个人，将这个梁氏之家打造出一派温煦和暖的家庭氛围。

孩子们在笑笑闹闹中不知不觉长大了。梁再冰长得越来越漂亮，常常带着一副女孩子的娴静的笑。梁从诫如同林徽因所期望的那样结实而又调皮，长着一对睁得大大的眼睛。梁从诫展现出的艺术天赋让梁思成和林徽因欣喜不已，小小年纪的他如同一个艺术家，能精心地画出一些飞机、高射炮、战车和其他许许多多的军事发明。

麦地村是梁思成及同人第一个定居下来的村庄。梁家在一所住宅中占了三间房子，住宅的大部分则是由一家姓黄的住着。生活和工作同样艰难，梁思成还是那样总是笑微微的，只是背更驼了。金岳霖跟孩子们玩在一起，俨然一大家子。

大约就是这个时候，令梁思成、林徽因惊喜的是，梁思成那篇关于公元6世纪赵县大石桥的英文论文手稿寄到了剑桥。费慰梅找到麻省理工学院建筑系主任威廉·爱默生请教，爱默生自己是法国建筑史的专家，恰巧他的研究题目之一就是法国最早的散拱桥，它比它的中国先行者要晚十个世纪。他怀着越来越大的爱好审视了随稿子附寄的精美图画和莱卡照片，他读完文稿，就把手稿寄给权威的建筑杂志《笔尖》（Pencil Point），并附了自己的推荐信。《笔尖》在1938年1月号和3月号将论文分两次刊出。

《笔尖》给梁思成付来稿费，解决了一时的生活困窘。但梁思成夫妇真正的惊喜还是在收到登载论文的杂志的时候。论文印在精美的纸上，印刷色彩准确图片显得更漂亮，文章的版式设计简洁、宽松、雅致，完美地体现出了建筑艺术的美学意味。这一成功带来的更大意义是恢复了梁思成与美国建筑师和建筑学家们的联系。梁思成的情绪由此更加高涨起来，又恢复了当初信心百倍的样子。

毋庸讳言，这份惊喜不仅包含着学术成果的被肯定，还有更现实的因素：战争引发的通货膨胀已经令这个曾经富裕的家庭陷入了极大的困顿。这笔钱，能够改善他们捉襟见肘的窘迫生活。

2. 最后一次古建调查

生活终于安顿下来，梁思成迫不及待地开始着手准备外出考察。还是那样，战争无情，时间紧迫。那些隐藏在崇山峻岭间的文明古迹已经寂寞了太久，她们急于被发现被记录，至少要赶在炮火落下来之前为她们留下一帧手绘、一帧照片。

1939 年秋，梁思成与刘敦桢、莫宗江、陈明达一行离开昆明，沿着岷江、嘉陵江和川陕公路，跑了大半个四川。西南古建考察从 1939 年 9 月开始进行到 1940 年的 2 月，历时半年。这期间，第二次世界大战已经全面爆发，中国抗日战争进入相持阶段，在这段最艰苦的时期，中国营造学社的古建考察学者在汹涌的流亡人群中，随身携带着由重庆市政府颁发的护照，上面写着："兹有中国营造学社社员梁思成，现年三十九岁，广东新会县人，由重庆到各处调查古建筑遗迹，特发给护照，希沿途军警查验放心，勿阻。"

20 世纪 30 年代末的这次西南古建考察，获得了一大批中国建筑史研究的珍贵资料，也为后人留下了半个世纪前，中国古建筑遗迹和城市生活的珍贵影像。

西南的调查工作全部在山区进行。云南的疟疾非常恐怖，他们无论走在哪里都要背着帐子。四川的跳蚤多得惊人，他们每到一个地方，第一件事就是设法搞到一盆水，把鞋子和袜子脱掉，站在水中央，然后不停抖动衣裤，不一会儿水面就浮起一层密密麻麻的跳蚤。

1939 年正是日军对中国疯狂轰炸之时，他们往往因为警报，被疏散出城外，半夜再回来。或者半夜遭遇警报，逃出城外，第二天再回到城里。

这一次梁思成外出达半年之久，林徽因和母亲带着孩子们支撑着艰难的生活。

龙泉镇没有自来水，拥有一口大水缸存水成为开灶生活的第一必需品。搬迁到这里的人一时骤多，水缸成了当地最紧俏的物品。水缸有一米多高，吃的水、用的水都要雇人担来储存在里边。一窑缸烧出来，买缸的人蜂拥而至。水是生命之源，这口水缸是那么重要，妇女们在一片拥挤中争抢，唯恐买不到，有时候甚至为此打起来，在极度匮乏的物质条件下，为了生存大多数人已经顾不得体面。

总算买到水缸，解决了水的问题。烧饭是俯身在一只三条腿的火盆上操作，灶台不过四五十厘米高，火盆上只能支一口锅，每次做饭都要先蹲下来把火扇旺。

家中最宝贵的财产是热水瓶，它使一家人能喝上开水，这是他们保留下来的生活习惯。

物价不停地上涨。刚到昆明时，大米三四元钱一袋，如今已涨到100元一袋。其他东西的涨幅也都差不多。没有电，没有电话，没有交通设施，照明用柴油灯，但柴油也很贵，所以他们和当地村民一样，天黑下来就睡觉。

孩子们正是长身体的时候，林徽因许多精力要用于一日三餐。买食物只能当天购买，因为没有任何储存或冷藏的措施。为了让孩子们吃饱饭，她天天要冒着尘沙、泥泞或阴雨，到处去买那些买得起、买得到的东西，然后是收拾和洗洗涮涮。当她浑身酸疼地上床睡觉时，已经是精疲力竭了。让她感到力竭的不仅是体力的劳作，而是这种毫无乐趣可言的生活。长时期来，她习惯在思想和感情生机蓬勃的交流中领会生命的快乐，缺失了这些内容，生命变得黯淡无光，她觉得这只是活着，而不是生活。说起一天的生活，她自己描述道："我一起床就开始洒扫庭院和做苦工，然后是采购和做饭，然后是收拾和洗涮，然后就跟见了鬼一样，在困难的三餐中间根本没有时间感知任何事物，最后我浑身痛着呻吟着上床，我奇怪自己干吗还活着。这就是一切。"

金岳霖给费正清的信中谈到林徽因说："她仍旧很忙，只是在这种闹哄哄的日子里更忙了。实际上她真是没有什么时间可以浪费，以致她有浪费掉她的生命的危险。"

林徽因把这段生活描述成一首诗：

街上没有光，没有灯，
店廊上一角挂着有一盏；
他和她把他们一家的运命
含糊的，全数交给这黯淡。

街上没有光，没有灯，
店窗上，斜角，照着有半盏。
合家大小朴实的脑袋，
并排儿，熟睡在土炕上。

外边有雪夜，有泥泞；
砂锅里有不够明日的米粮；
小屋，静守住这微光，
缺乏着生活上需要的各样。

缺的是把干柴；是杯水；麦面……
为这吃的喝的，本说不到信仰，——
生活已然，固定的，单靠气力，
在肩臂上边，来支持那生的胆量。

明天，又明天，又明天……
一切都限定了，谁还说希望，——
便使是做梦，在梦里，闪着，
仍旧是这一粒孤勇的光亮？

街角里有盏灯，有点光，
挂在店廊；照在窗槛；
他和她，把他们一家的运命
明白的，全数交给这凄惨。

——林徽因《微光》

当林徽因在努力地维持一家生计时，梁思成率领的营
造学社完成了35个县的细致考察，调查古建、崖墓、摩崖、

石刻、汉阙等约 730 余处。

　　四川省的木构建筑几乎全部毁于"张献忠之乱"，现存的建筑大多是建于 1646 年以后。四川省的摩崖造像居全国之冠。沿岷江、嘉陵江流域两岸的崖壁上，比比皆是。最令他们高兴的是他们发现了四川西部彭山县江口镇附近的崖墓，它表现了汉代（前 206—220 年）的木结构建筑。他们热切期望对这鲜为人知的中国建筑发展的早期阶段进行详细的考察研究。可惜他们具备十足的热情和专业知识，却缺少资金来支撑这项新的研究项目，他们甚至没有途径来刊登这项发现的研究报告。

　　在考察途中，梁思成接到了林徽因的电报。这是一个极其不幸的消息。天津的英资银行来信告知，由于天津发大水，营造学社保存在银行地下室保险库里的资料全部遭水泡浸，必须尽快提取。梁再冰对此次事件印象非常深刻："从来我这辈子都没有看到过我父亲流过泪，他是不哭的，我从来没看过我父亲哭。但是这次听到这批照片资料损失了以后，他跟我母亲伤心得不得了，我父亲当时都哭起来了。"

　　当时固执地不肯离开北京的朱启钤立刻动身去拯救这批宝贵的资料。梁思成和刘敦桢出具证明，可以仅凭朱启钤一人的签名提取存件。当时他们还不知道资料被泡得有多惨，但他们第一时间向中英庚款董事会申请了 5000 元用于整理挽救资料。

朱启钤将资料取出来后，将毁损的资料重新找人精心整理，有一些重要的测绘稿重新描绘，又把一些重要的建筑照片翻拍后再复制两份，寄给梁思成和刘敦桢。正是有了这些资料，梁思成和刘敦桢的研究工作才得以继续开展。

从北京到昆明穿越近两千公里的乡村腹地。沿路从北往南，形式变化、特色各异的民居使敏锐的建筑师们产生了浓厚的兴趣。他们时常宿在村里，在艰苦和疲累的条件下的旅行打开了眼界，使他们意识到中国民居在建筑学上的特殊重要性。房屋的不同特色、不同地域人们的生活方式，这些不同造成的差异，忽然一下子变得非常有趣味。梁思成与营造学社成员踏入了一个新的研究领域。他们的主要课题从此前只侧重皇宫、官署和寺庙道观，研究中国建筑的各个发展阶段，转向了对普通民居的关注。

3. 建筑师的家

日军在占领中原之后，几乎封锁了所有海上通道，试图切断中国的一切外援，叫嚣要在半年之内解决中国战事。为了获取国际援华物资和军需物资，从1937年11月到1938年8月，中国用短短九个月的时间，修成近千公里的滇缅公路，在这条被称为用手指抠出的输血线上，战略物资从缅甸源源不断地运到昆明，昆明称为战略物资的中转站。也因此，这座城市很快就成为日军的主要轰炸目标，战时的大后方转眼成为前线。

刺耳的空袭警报已经成为每天轰鸣在耳边的"交响乐"。炸弹在周边村镇此起彼伏地炸裂，空袭一波接一波，生活在轰炸阴影下的人们，已经由最初的惊慌失措变得越来越习以为常。甚至到后来，学者们会在空袭后品评炸弹投掷的技术优劣。这就是中国的一代知识分子，他们睿智博学，苦中作乐，总能从容应对一切乱世乱象，仿佛没有什么能将他们击倒。

炮声隆隆，战火纷飞，归期不定。为了能够安放一张安静的书桌，有一个可避风雨的屋顶，梁思成和林徽因决定亲自盖一所属于自己的房子。而这，居然成为他们毕生唯一为自己设计的房子。

物价仍然在以不可捉摸的速度飞快上涨。他们"不得不为争取每一块木板、每一块砖，乃至每根钉子而奋斗"，还得亲自帮忙运料，做木工和泥瓦匠……尽管他们已经费尽心机地精算到了最节俭的程度，这所房子仍然耗费了他们认为能付得起的两倍的钱。梁思成和林徽因为此拿出了全部积蓄，甚至搭上了林徽因母亲的一些首饰。

这所土木结构的平房，大概有 80 平方米，三间住房坐西向东，两间附属用房则坐东向西，中间隔一通道，自然形成一个小小的庭院，院子里种着油加利树和一些花花草草。房屋窗子的面积比当地住房大好多倍，为的是具有良好的采光；窗棂采用斜线交叉的木条构成一个个菱形，简洁而古朴；屋内最显著的是客厅里设计了壁炉，三间住房铺了粗木地板，在靠窗的墙上做了一个简单的小书架，下面的木凳上铺上一些饰布。充满诗情画意的林徽因依旧眼睛里全是美，常常在家里陶质土罐中插大把的野花。这个家虽然不大，却舒适又可爱，梁家的日子顿时温馨生动起来。

钱端升盖的房子与他们比邻而居，金岳霖在梁家房子的边上加盖了一间耳房。整个"北总布胡同集团"在距离昆明城8英里的村子里集齐了。尽管大家心里都没底，这种状况能维持多久。他们依然由衷地热爱亲手盖起的这座小房子。房子周围风景优美，没有军事目标。这意味着他们暂时可以拥有一段平静美丽的生活。物质上的匮乏不足以完全让他们对生活失去信心。朋友们拥簇在一起，汇成一股暖流，让他们鼓起了足够的勇气应对困难。

梁思成和林徽因带着孩子们一起在院子里种上了玉米、扁豆。梁思成从成都搞到一点西红柿种子。西红柿长得又红又大，惹来附近村民来看。梁思成便把西红柿种子分给村民。从没有见过西红柿的乡亲从此也吃上了西红柿。看来，建筑学家搬迁来此的贡献绝不仅限于建筑本身。

为了给林徽因和孩子们补充营养，金岳霖又在院子里养了一只桃源的黄色毛腿公鸡。这只公鸡骁勇善战战败了当地的柴公鸡，从此称霸于整个村子。可惜好景不长，嚣张的小黄鸡被人一棍子打死了，有幸成为梁家餐桌上唯一的荤菜。

在这里，林徽因就着昏黄的煤油灯光给孩子们讲解庄子《解牛篇》和《唐雎不辱使命》，教孩子们读李白、杜甫的诗。"剑外忽传收蓟北，初闻涕泪满衣裳。"杜甫的这首《闻官军收河南河北》让盼望祖国和平统一的林徽因感慨万千。

村子周围唯一能与艺术搭上关系的是临近的瓦窑村。林徽因常常带着孩子们去烧窑作坊看老师傅在转盘上用窑泥制各种陶盆瓦罐。每当师傅手下瞬间出现某个美妙造型时，林徽因就在一旁赞不绝口，同时大呼小叫地要师傅"快停，快停"，但老师傅根本不睬这个疯疯癫癫的外省女人，最终总会不动声色的做成他们的畅销作品——痰盂。

林徽因和梁思成的家坐落在村外边，在靠近金汁河埂的一片空地里。这里茂林修竹、田畴水塘，紧靠着高高的堤坝，上边长着一排高高的笔直的松树，就跟古画里的一样。林徽因走在长长的堤坝上，周围树木繁茂，花开成诗，在越来越强的秋天泛光照射下，风景美极了。空气中到处散发着香气，野花总使她回想起千千万万种久已忘怀了的美妙感觉。随便一个早上或下午，太阳都会从一个奇怪的角度悄然射进，人们在一个混乱和灾难的世界中仍然具有的受了创伤的对平静和美的意识。

在美中沉浸不过片刻。战争的阴云便会重新笼罩在心头，抗日战争仍是主宰他们身体和心志的挥之不散的阴霾。

1940年秋，费正清和费慰梅给梁思成和林徽因寄来了

100美元。梁思成和林徽因用这笔钱还清了盖房所欠下的债。百感交集的林徽因在寄往美国的回信中写道：

"亲爱的慰梅和费正清：读着你们8月最后一封信，使我热泪盈眶地再次认识到你们对我们所有这些人的不变的深情……种种痛苦、欢乐和回忆泉涌而来，哽在我的眼底、鼻间和喉头。那是一种欣慰的震撼，却把我撕裂，情不自禁泪如雨下。……很难言简意赅地在一封信里向你们描述我们生活的情景。形势变化极快，情绪随之起伏。感情上我们并不特别关注什么，只是不过随波逐流，同时为我们所珍惜、为生活中不可或缺的某些最好的东西感到朦胧的悲伤。这种感觉在这里是无价的和不可缺少的。……"

到11月，轰炸越来越凶了。日本轰炸机和追击飞机的机枪扫射带来国仇家恨一样的切肤之痛。战争打乱了所有的安排。金岳霖早上在城里有课，经常是早晨五点半就从村里出发，甚至在课还没有上的时候就遇到了空袭，于是不得不又和一大群人一道跑出来，走向另一座城门、另一个方向的另一座山，直到下午五点半以后才又绕一大圈走回村里，一天都没有吃饭、没有干活、没有休息，为干这个什么都耽误了。即便五次三番遭遇这些，金岳霖仍以罕有的耐心保持着自己的乐观，以他富有特色、富于表现力的英语能力和丰富的幽默感，以及无论遇到什么事都能处变不惊的本领，总是在人意识不到的地方为朋友们保留着一片温暖的笑。

迁往昆明郊区各研究所的工作渐渐恢复，孩子们开始享受乡间自由的生活，但迅疾扩展的战事再度将这一切终结。就在营造学社开始西南考察的 1939 年 9 月，希特勒在欧洲发动了闪电战。1940 年 6 月，法国沦陷。9 月，法属印度支那半岛落入日军之手，和越南接壤的云南危在旦夕，迁移到这里的各学术机构面临再一次大转移。此时，梁家离开北平已经四年，距离住进耗尽他们所有积蓄建造的龙头村新居不过半年时间。

11 月的轰炸加剧迫使梁家不得不离开他们的温暖的小屋和亲爱的朋友们，再次踏上迁移之路。梁思成从四川回来以后就被任命为中央研究院的研究员。周诒春博士（现任营造学社董事长），提名梁思成为学社社长并把学社附属于政府支持的中央研究院下属的历史语言研究所。中央研究院是由教育部负责的。教育部下令研究院的研究所从昆明迁往四川重庆西边大约二百英里、长江南岸的一个小镇李庄。

与朋友们分离使梁思成与林徽因情绪十分低落。他们将要去的地方是一个除了中央研究院的研究所以外什么其他机构都没有的孤零零的村庄。这里远离任何其他机关、远离任何"大城市"，是一个完全彻底陌生的地方。西南联大留在昆明，金岳霖、钱端升、张奚若和其他朋友都留在了昆明。

不管他们落脚在什么地方，他们都将用每个月的好多天、每天的好几个小时，不得不中断日常的生活——工作、进餐和睡眠，用来跑警报。被战争追着跑，这种浪费实在让人无法忍受。

4. 家国离殇

在离开昆明前夕，梁思成致信费正清夫妇，请求费慰梅帮助将自己的文章《在中国北部寻找古代建筑》一文推荐给美国《国家地理》杂志。身处战中，与世隔绝，各种外界的资料非常稀缺。虽然生活上一直拮据，但梁思成仍然希望如果投稿成功，请费慰梅用稿费订阅两年的《读者文摘》八美元，两年的《建筑论坛》11美元，一年的《时代周刊》，一年的《国家地理》。

梁思成给费正清夫妇的信做了进一步说明："我们奇缺各种阅读和参考书籍。如果你们能间或地从二手书店为我们挑选一些过期的畅销书，老金、端升、徽因、我，还有许多朋友都将无上的感激。我们迫切希望阅读一些从左向右排列的西文书籍，现在手边统统都是从上向下排列的中文古书。

我发现，我在给你们写信索要图书时，徽因正在给慰梅写信索要一些旧衣服，看来我们已实实在在地沦为乞丐了……"

1940年11月29日，隆冬时节，天空中飘着雪花，营造学社和中央研究院的史语所、社会科学研究所、体质人类学研究所、中央博物院筹备组一同踏上了迁川的征程。三年前，从北平南迁到昆明的这些中国最高学术机构的学者们带着支撑他们精神世界的辎重，踏上了又一次漫漫流亡之路。

林徽因带着两个孩子和外婆，坐上了离开昆明的卡车，车上还有另外的 31 个人，年龄从 70 岁一直到襁褓中的婴儿。同行的包括梁思成的弟弟考古学家梁思永一家，还有营造学社的刘敦桢一家。他们坐在敞篷卡车上全部采取"骑马蹲裆式"，两脚叉开坐在行李卷上。在拥挤的迁徙途中，已经顾不上任何学者的仪态。旅途整整持续了两个星期，装载着老老少少的卡车在严冬天气翻山越岭。在要出发的那天，梁思成的脚趾感染了破伤风，必须马上治疗，否则连腿也保不住。他只好被留在昆明，直到三个星期后到达李庄。

到达后不久，梁思成立刻前往重庆为营造学社开展工作筹集款项。正在这时，林徽因坚持不住病体中的颠簸，旧病新疾齐发，病倒了。这一次，林徽因卧床不起长达三个月。

1941 年 3 月 14 日，林徽因的小弟弟林恒，在成都上空的一次空战中牺牲了。林恒是一个出色的飞行员，在空战中击落一架日寇飞机以后，林恒自己也被击中头部而坠落牺牲。噩耗传来，林徽因不得不接受这个悲痛的消息。

梁思成到成都去给林恒料理后事，直到 4 月 14 日才回到家中。梁思成发现，林徽因的病比她在信里描述的要厉害得多。这对曾经的富家子女如今沦落到十分悲惨的境地。在一次又一次的患难中，两人的情感越加深浓笃厚，相濡以沫中的患难与共升华出了平凡伟大的夫妇之情。

林恒考入空军学院后，从开战以来他就随学校从一个地方迁到另一个地方。1939 年夏天林恒到了昆明。1940 年春天以优异的成绩毕业，在同班一百多学员中名列第二。在短短的几年中，林恒已成长为一个老练的飞行员，一个卓越的空军驾驶员。林恒实现了自己的理想，为保卫祖国完成了他的使命，他是一个死得其所的英雄！

梁思成带回了林恒一套军服，一把航校赠送毕业学员的佩剑。林徽因对林恒的悼念和她为其他八个"兄弟"（在晃县认识的年轻学员）阵亡的伤痛一齐奔涌而出。三年后她写了一首诗：

哭三弟恒

——三十年空战阵亡

弟弟，我没有适合时代的语言

来哀悼你的死；

它是时代向你的要求，

简单的，你给了。

这冷酷简单的壮烈是时代的诗

这沉默的光荣是你。

假使在这不可免的真实上

多给了悲哀，我想呼喊，

那是——你自己也明了——

因为你走得太早，

太早了，弟弟，难为你的勇敢，

机械的落伍，你的机会太惨！

三年了，你阵亡在成都上空，

这三年的时间所做成的不同，

如果我向你说来，你别悲伤，

因为多半不是我们老国，

而是他人在时代中碾动，

我们灵魂流血，炸成了窟窿。

我们已有了盟友、物资同军火，

正是你所曾希望过。

我记得，记得我当时怎样同你

讨论又讨论，点算又点算，

每一天你是那样耐性的等着，

每天却空的过去，慢得像骆驼！

现在驱逐机已非当日你最想望

驾驶的"老鹰式七五"那样——

那样笨，那样慢，啊，弟弟不要伤心，

你已做到你们所能做的，

别说是谁误了你，是时代无法衡量，
中国还要上前，黑夜在等天亮。
弟弟，我已用这许多不美丽言语
算是诗来追悼你，

　要相信我的心多苦，喉咙多哑，
你永不会回来了，我知道，
青年的热血做了科学的代替；
中国的悲怆永沉在我的心底。
啊，你别难过，难过了我给不出安慰。
我曾每日那样想过了几回：
你已给了你所有的，同你去的弟兄
也是一样，献出你们的生命；
已有的年轻一切；将来还有的机会，
可能的壮年工作，老年的智慧；
可能的情爱，家庭，儿女，及那所有
生的权利，喜悦；及生的纠纷！
你们给的真多，都为了谁？你相信
今后中国多少人的幸福要在
你的前头，比自己要紧；那不朽
中国的历史，还需要在世上永久。
你相信，你也做了，最后一切你交出。
我既完全明白，为何我还为着你哭？
只因你是个孩子却没有留什么给自己，

小时我盼着你的幸福，战时你的安全，

今天你没有儿女牵挂需要抚恤同安慰，

而万千国人像已忘掉，你死是为了谁！

距离李庄镇一公里处，有一个名叫月亮田的地方。月亮田是一所宅院，院门朝西，站在门前可以看见奔流不息的江水。当年中国营造学社租用了这里一个农家院子，院子里种了很多芭蕉树。院子是一座简单的 L 形平房农舍，它的长臂是南北走向。这一臂的一侧从南到北是一个打通的工作间，备有供画草图和写作用的粗糙桌凳。对面是女仆的房间、储藏室和三个初级研究人员的卧室排成一行。走过一条狭窄的走廊，就是两间卧室，一间是林徽因母亲和梁再冰的卧室，另一间是梁从诫的。再过去就是梁氏夫妇的两间房，一间卧室、一间书房。他们的房子是朝南的，阳光照在窗外，窗外浓荫覆盖，为长期卧床的女诗人带来活泼的生气。林徽因的帆布床就安在这间房里。院子的西边，是一处天井，天井下面是参天的樟树，夹杂着种了几丛小小香蕉树。在院落中还散落着一些小平房，一间做厨房，远些的一间是食堂，留出些地方给莫宗江睡觉。

在院子里的大桂圆树上，他们特意拴了一根竹竿。为了日后有条件外出测绘时不丢掉爬梁上柱的基本功，梁思成每天领着大家爬竹竿。

营造学社工作间布置就绪。搭档刘敦桢安家的地方离得不远。梁思成多年的初级助手莫宗江、刘致平和陈明达都可随叫随到。安排妥当后，梁思成决定利用这段时间写出一本可以对外推广的《中国建筑史》。

多年的夙愿即将化为行动。1931 年到 1941 年，整整十年的积累。他们跑遍了中华大地，去过数不清的人迹罕至之地。中国建筑的发展脉络已然成型，梁思成开始着手搞他设想中的这部历史，林徽因帮忙整理各种文字笔记、手绘图册、照片注解。工作时间梁思成一边跑资金一边写中国建筑简史。家里的事还没有完，这位历史学家被生活锤炼成了百事通：烤面包、砌炉灶、秤煤和做各种家务事。

林徽因除了整理中国建筑史的资料，还帮梁思成一起润色文字。这些一字一句里饱含着不具名的深情。林徽因只认为理所应当。就像每次梁思成外出考察少则几天多则半年，林徽因都要以病弱的身体独自扛起家庭重担。年迈而脾气古怪的母亲，两个急于长身体的孩子，在最难的时候林徽因都没有过抱怨。因为她深爱自己的丈夫，深爱中国建筑研究，这两样都让她愿意退居后方，成就梁思成的研究。还有一股民族气节在情感上支撑着，林徽因从没有将建筑研究分什么你的、我的、他的。她和梁思成想的一样，只要《中国建筑史》问世，这就是中国的！

林徽因还有自己的世界。这段时间她深深迷上了汉朝文化。她的全身都浸泡在汉朝里，她对汉朝是那么痴迷，不管提及任何事物，她都会立刻扯到那个遥远的朝代去，拉也拉不回来。金岳霖作为一个逻辑学家，对待通货膨胀有一个哲学家的观点，很有清华之风："在这困难的年月里，重要的是要想一想自己拥有的东西，它们的现金价值是如此惊人，人们就会觉得自己已很富有；同时人们一定尽可能不要去想那些必须购买的东西。"

从 1940 年底抵达李庄到最后抗战胜利，梁家在这个院子里度过了将近六年的时光。李庄气候阴冷潮湿，对患肺病的人非常不利，经过此番舟车劳顿，加上寒气逼人的潮湿空气，林徽因原本透支的健康体系彻底崩溃了，她从此失去了健康，只能天天卧床。

第十章　有些话自己也还不曾说透[1]

从元旦到春节，肺结核复发的林徽因持续40℃高温不退。11岁的梁再冰天天到江边码头，盼望父亲快点到来。"爹，你为什么还不来。明天是除夕了，后天是春节，我靠在桌边，心里很想念爹爹，希望他明天或后天来到这里。"（《梁再冰日记》）

11岁还只是个孩子，梁再冰想起李庄的日子仍然无法平静："那时候李庄那个地方也没有水，没有自来水，也没有电，也没有医院，所以没有任何治疗的条件，当时这个肺病也没有任何特效药可以吃。我母亲，我记得那个时候病得是很可怜，晚上盗汗，出汗出得厉害。早晨起来看见，擦汗的手巾一块一块晾在那里。有时候一个早晨起来，可以看到晾七八块在那个地方，她就晚上一个人挣扎。那时候，我常常觉得她可能不行了，我很怕我母亲那个时候离开我们了。有时候，真的很害怕，有时候害怕得自己一个人偷偷地哭。"

林徽因常年躺在床上，只有太阳很好的时候，被搬到

1　林徽因：《写给我的大姊》，《文学杂志》1948年5月二卷第12期。

院子里，可是这样的情况也很少。这时的她不免有些沮丧，在巨大的生活困难与健康落差中她给费慰梅写信："读着你们用打字机写的信，我不禁泪流满面。字里行间如此丰富有趣，好像你们就在眼前……不像我总是盯着自己眼皮底下，那点令人厌烦乏味孤寂的生活，像一个旧式的家庭妇女，仅靠自己的一点感觉打发日子。"

给沈从文的信里，被疾病折磨的林徽因发出了疑问："如果有天，天又有旨意，我真想他明白点告诉我一点事，好比说我这种人需不需要活着，不需要的话，这种悬着的日子也都是奢侈？好比说一个非常有精神喜欢挣扎着生存的人，为什么需要肺病，如果是需要，许多希望着健康的想念在她也就很奢侈，是不是最好没有？……"

在这个偏远的小镇，林徽因疯狂地思念远方的朋友，思念着过去的美好时光。思念只能靠书信传情达意。林徽因和梁思成给朋友们写信的信纸，要么是大小不等的纸张，要么是包过菜或肉的。无论纸张是薄薄的，还是泛黄发脆的，每张纸都不留边距，密密麻麻写满了字，最后一页不写满的部分被裁去留到下次再用。每次寄信都是攒成几封一起寄，这样，可以节省邮费。

梁思成则变成了梁大夫。梁从诫回忆："我父亲那时候，我现在回想起来，我都心疼他。我父亲太辛苦了，他学会了打静脉注射，就是因为我妈妈成天要打静脉注射。家里买不起鞋，我就打赤脚或穿草鞋上学，我的脚后跟被草鞋磨破了化了脓，父亲叫我趴在椅子上，问我，怕疼不怕？我咬着牙说，不怕。他就咔嚓一剪刀，把一块坏死的肉生生给我剪了下来，然后往伤口上倒碘酒，疼得我眼前直冒金星，但我一声没吭。他只说了一句，好孩子。"

孩子们跟着大人一起在受苦，林徽因想到孩子们遭受的一切困苦，就充满苦涩："我们的两个孩子越来越像狄更斯小说中贫民窟里的难童，从诚腿上满是各种蚊虫叮咬的疤痕，看上去已经不像腿了。"

1941年7月，在梁家搬到李庄后半年，他们最亲密的老朋友金岳霖，从昆明西南联大来李庄休年假。像往常一样，金岳霖不仅是林徽因、梁思成精神上的朋友，他总是知道梁家最缺的是什么。金岳霖特意去镇子上买了几只鸡，同孩子们一起喂养。很长一段时间，梁家的病人和正在长身体孩子们就靠这些鸡下的蛋，得到一点营养。

李庄的气候对肺病严重的林徽因非常不利。1941年金岳霖写给费正清夫妇的信里说："这里的天气总是变化无常，每次理完发我都要得一次感冒。我好像无时无刻不在增减衣服的状态，时时处在或是刚刚遁入感冒的忧郁中，或是迎来刚刚摆脱一次感冒之后的愉悦……很显然，这实在不是一个能让徽因恢复健康的地方。"

金岳霖的到来，给这个终日潮湿阴冷的院子带来了温暖。在给费正清夫妇的信中，这位逻辑学家称，离开梁家的日子让他失魂落魄，他的生命已经和梁家紧紧连在一起。

来李庄的另一个重要使命，金岳霖要重新撰写两年前因躲避空袭而痛失手稿的哲学论著《知识论》。

金岳霖给费正清夫妇的信这样描述梁氏夫妇："徽因看上去和一年前一样，依然充满活力，依然侃侃而谈，还是那样执着于寻找艺术灵感，继续为人性忧虑的同时挥洒着她的博爱。她无时不在的思想活动让她无法安于病榻，不时地就会像是又在发表演说，一会儿是佛像，一会儿是希腊风格，一会儿又回到她的家庭成员身上……思成还是老样子，干着修修补补的杂事，他的建筑史学家的职责已无从履行。烤面包，修炉灶，运煤块，做着各种家务，我看如果瞬间把思成扔到美国，即便是无依无靠，他光凭自食其力也能过得非常不错。"

同年，梁思成写信给费正清夫妇："很难给你描述，同时你也很难想象我们眼前的生活：柴油灯下，缝制孩子们穿的布底鞋，买一些粗米杂粮糊口。过着像我们父辈年轻时的生活，但做着现代工作。有时候读着外国杂志和看着现代化设施的彩色缤纷的广告真像面对奇迹一样。昆明的气候和景色非常可爱，使我们很喜欢。四川就很糟糕。我们居于长江上游一条不太吸引人的支流旁。南迁以来，我的办公室人员增加了一倍，而我又能筹集到比过去两年中所得到的还要多的资金。我的薪水只够我家吃的，但我们为能过这样的好日子而很满意。我的迷人的病妻因为我们仍能不动摇地干我们的工作而感到高兴。"

徽因对这场看上去没完没了的战争作了辛辣的评述：

"即使我几乎是100%的肯定日寇决不会把炸弹扔到这偏远的小城镇李庄来，可是那一个小时前就在我们头顶上以那种无可名状的轰鸣声飞过的27架飞机仍然使我起鸡皮疙瘩——一种害怕在任何时候可能被击中的奇怪感觉。它们向上游飞去了，轰炸了什么地方，或许是宜宾，现在正以那种威胁的轰鸣声和致命的目的性从我们的头上缓缓飞过。我要说的是这使我感到厌恶，然后我意识到我已经病得很厉害，而这不过是让我一时间里病得更厉害，体温有些微升高，心脏不适而心跳加速。在今天中国的任何地方，没有一个人能够远离战争。我们和它连成了一个不可分割的整体，不管我们是否实际参加打仗。"

但是，对于远方朋友的倾诉，只是情感联结的一种方式。梁思成仍然兴致勃勃地沉浸在他的工作中，林徽因仍然以她的方式参与其中。

由于缺乏经费，营造学社前途渺茫。刘敦桢和陈明达在无奈之下离开李庄前往重庆工作。刘敦桢决定到中央大学建筑系任教。离开的前一天晚上，梁思成和刘敦桢促膝长谈，他们从1931年开始，为了中国古建筑研究，一起翻山越岭、一起整理资料，为了这个目标，他们在一起整整11年。在不得不分别的时候，两个人一边谈话一边流泪，后来两个铮铮男儿情难自持地号啕大哭。陈明达则去了西南公路局就职。这样一来，学社的成员除了梁思成和林徽因，就剩下刘致平和莫宗江。国家危亡之际，营造学社同样陷入了极大困境。

梁思成的身体状况越来越差。唯一值得欣慰的是，营造学社已经在国内产生了一定的影响力。提到营造学社，人们总会联想到梁思成。

即使在最绝望的时候，贫病交加的梁思成和林徽因仍一如既往以光芒炯炯的信念之光照着命运的前方。他们从没打算停下来，更不可能轻易放弃希望。他们坚信，为之付出半生精力的研究工作一定会结出硕果。关于那本天书——《营造法式》他们已经做好了征服它的准备！

1.老友重逢

将英美自由主义与爱国主义结合新生的一代知识分子，正被历史粗暴对待。虽然他们不能手握刀枪冲锋陷阵，但是，在祖国需要时他们完全没有退缩，因为在这些学者心目中祖国的痛苦始终高于个人生活。

梁思成和林徽因离开东北时完完全全扔掉了一个家，离开北平时他们再次舍弃了自己的家，龙头村盖起来一所让他们耗费巨资彻底破产的小房子最终不得不放弃。这让他们在颠沛流离中越来越贫困。其他西南联大的学者大体都是这样。

1942年费正清作为美国驻华大使特别助理来到中国，

他迫不及待地踏上了探望梁思成夫妇的道路。9月26日，在中央研究院的宿舍区费正清与梁思成分别七年后再次重逢。梁思成和费正清一见面激动得握着对方的手足足五分钟。

梁思成来重庆是为了向教育部和中英庚子赔款委员会申请赔款。当他注意到费正清将自己的中文名字改成了范朋克时，他为老朋友郑重解释了当年为他取名的含义。费正清的意思是"费氏正直清白"，这非常符合费正清作为历史学家的精神，而且正清与约翰·金（John King）谐音。

1942年11月下旬，费正清去李庄探望朋友们，陪他同去的是陶孟和博士。

云雾缭绕的李庄非常适合图书资料和殷墟文物的保存。但是这里冬天寒冷多雾，夏天炎热潮湿，虽然对书籍文物有利，却极大地损害了学者教授们的健康。安阳发掘工作的重要参与者梁思成的弟弟梁思永在这里患上了严重的肺结核，面临着死亡的威胁。林徽因因肺病恶化，只能卧床休养。

费正清与陶孟和搭乘小火轮沿长江逆流而上。此前陶孟和主持的社会调查研究所，已经并进中央研究院。陶孟和的妻子已经患病多日，陶孟和不得不将她送到兰州休养，希望西北地区干燥的气候和充足的阳光能使妻子的病情得到缓解。

李庄是一个大约拥有一万人的小镇，镇上有一条石板铺成的街道，街上挤满了人。这里白天经常被云雾遮盖，夜晚又会下起连绵不断的小雨。梁思成的家和营造学社在同一个院子里。营造学社12名年轻的制图员在内院一侧的一间大房子里工作，林徽因住在另一间大房子里，这样方便她随时了解到工作的进度。有她的参与，使年轻人得到的教益远比他们自己贡献的成果要多。

梁家人一如既往地存在着各种错综复杂的问题。战后物资上涨来势凶猛。工资拿到手后如果不马上换成油盐米，很快就会变成一堆废纸。食品越来越贵，伙食越来越差。大部分家务包括做饭只能由梁思成完成。梁思成把土糖蒸熟消毒，当成果酱抹在馒头上，戏称之"甘蔗酱"。为了变换花样，他在工作之余不得不跟当地老乡学会蒸馒头、腌菜和用橘子皮做果酱。家里无钱可用时只能变卖衣物。幽默的梁思成开玩笑地说："把这只表红烧了吧，这件衣服可以清炖吗？"

营造学社在艰难支撑，家里的孩子在拼命长身体，林徽因的病情在加重，梁思成的身体在垮掉，这一切在费正清看来已经够焦头烂额，可是林徽因的母亲却还在一个劲地抱怨，抱怨为什么要离开北京。

医药措施全无的李庄耗尽了林徽因的体力。她已经瘦得眼窝深陷，骨瘦嶙峋。可是她的精神很好，像往常一样充满活力。费正清与林徽因在饭后开始长时间的畅谈。费正清在这里待了一个星期，由于天气寒冷，他感染了呼吸道疾病后持续发烧，大部分时间都在床上度过。梁思成在两张病床之间拿着食物、药品、体温表走来走去。费正清离开以后林徽因给他写信说，她仍然"处在你的巨大影响之下。开玩笑和嬉闹我早已不习惯了，现在它们对我来说是一种享受，在严肃的谈话、亲切的私语和冷静的讨论之余，那半严肃的、不拘礼节的隐喻和议论，是非常动人心弦、极其讨人喜欢和十分甜蜜的"。

费正清被这群中国学者坚毅的精神深深折服，在费正清看来这里就像一个混乱的贫民窟，中国最高级的知识分子的生活处于落难状态。在如此恶劣的环境下，那些志同道合的朋友们仍在坚持学术研究事业，安贫乐道，精神可贵。

蒋梦麟和梅贻琦都是昆明学术界的领袖人物，都以苦行僧一般的形象著称。蒋梦麟只能靠典当衣物来维持生活。梅贻琦的夫人迫于无奈隐姓埋名出去找了一份工作，被人发现后被迫中止。钱端升把大衣卖掉后，有一天在大街上看到别人穿着自己的大衣。张奚若一家住在秦氏宗祠供满灵位的大厅里。金岳霖、陈岱孙住在一座旧剧院露台上，露台上设施陈旧易于破损，但是不收房租。正当费正清跟他们坐着聊天时，一只硕大的老鼠穿过纸糊的顶棚差点掉下来。教授们开玩笑说应该去买一只猫，接着他们又大笑着自嘲，可是买一只猫要花费 200 块呢！

教授们贫困的程度令费正清震撼："这里充斥着绝望、

悲惨、勇敢面对、互相支持以及思想与行动逐渐衰退。"

1943 年 1 月 19 日陶孟和的夫人由于突发肺炎在兰州去世。这是朋友中第一个去世的。费正清开始通过自己的身份为这群北京的老朋友们向美国申请援助，这些援助包括维生素 B_1 等药物，以及钢笔、手表等物品。

费正清送来的奶粉使林徽因的健康状况奇迹般地好转起来。11 月 26 日她写信告诉他，她现在"不发烧、不咳嗽、没有消化不良，睡眠和胃口都好，又有好的食物和克宁奶粉。她特别喜欢专给她的床打的一副床架子。它把床抬高了，使它空前地接近人类的高度，而不是接近地面，人们要给她什么东西就不需要把腰弯得这么低了"。

从 1943 年开始，费正清多次向董事会提议，为中国学者提供研究资助。

梁思成写信给费正清说："亲爱的正清，感谢你九月三十日的来信，得知我将获得由哈佛燕京学社给予的一千美元的资助。得此慷慨赠予与我深感震惊和荣幸。唯有以我未来的工作成果表示我诚挚的谢意。"

罗曼·罗兰在《米开朗琪罗传》的前言中说："世界上只有一种真正的英雄主义，那就是在认识生活的真相之后还依然热爱生活。"

无疑，在费正清的心里，这些坚强乐观的朋友们就是不折不扣的英雄。

2. 首部《中国建筑史》

战时的中国，生活和文化需求并没有停止。许多单位和个人写信给营造学社，问有没有中国建筑的书出版。梁思成和林徽因认为时机已经成熟。他们首先决定将一些关于中国建筑的图版做成黑白片子，加上中英文的说明，完成以后送到费正清那里做成缩微胶片寄到美国去出版或者找到出版的资助。英文的文字稿随后出，中文稿在中国出版。当然，关于在中国的出版，他们最乐观的想法是战争结束后实现。无论如何，这件事正式提上日程对跟着他们奔波十年的工作人员也是一个积极的盼头，同时，这也可以定为营造学社新年的明确目标。

费正清身为美国出版服务社社长满足了这个要求，为此费正清特地雇了一个这方面的美国技术助手。费正清给梁氏夫妇回了一封信，答应在他们的计划中给予全力合作。然而由于战时四川的种种麻烦，这件事费了好几个月才完成。

尽管贫病交加，挫折总是不时出现。梁思成坚毅乐观的个性，使他永远不会偏离既定目标。李庄的日子里，梁思成一直怀有的那个破译"天书"的梦想，多年前埋下的种子开始破土萌芽。进入营造学社后，踏遍千山万水的一次次考察，使《中国建筑史》的宏伟巨构在他心中有了粗略的轮廓。历经十余年的踏勘和钻研，已经具备了系统的资料脉络，梁思成终于有可能揭开《营造法式》的神秘面纱了。1942年梁思成开始编写《中国建筑史》，林徽因、莫宗江、卢绳参与了这项浩大的工程。

梁思成写作《中国建筑史》需要绘制大量英汉对照并加注释的插图，这任务由他和莫宗江来完成。卢绳负责收集元、明、清的文献资料。虚弱的林徽因每天只能靠在被子上工作，数以千计的照片、实测草图、数据以及大量的文字记录，全由她承担。她还担当起书稿的校阅，对书稿进行修改、补充、润色，并执笔撰写五代、宋、辽、金等朝代的内容。

与此同时，梁思成为了完成他的绘图，不得不彻夜工作。在清苦的日子里，他依然充满自信和希望，他仍旧像以前一样酷爱画图，画图时总爱哼唱着自己喜欢的歌曲。晚上他点上柴菜油灯到那间简陋的工作室去，由于背部的毛病，已经支撑不住头部的重量了。在工作中俯身向画板时，他把下颌放在一个小花瓶上来支持头部的重量，加上经常调整姿势，就减轻了对于他在昆明关节炎发作时强直的脊椎的压力。

他正在写的《中国建筑史》，他说，"比刚开始时所要求的规模和范围大多了。但要让它简短而又仍然适用要耗费更多的时间。如果把它删短了但不适用，那是根本不行的。

"而且，这是同类书中的第一部。我为了出版这么一本书已经等了多年。这是我能做出的最大限度的让步，然而徽因和我在某种意义上还真高兴，因为我们至少已从狂乱的野外考察和对时代的随机研究中构筑出我们想象中工作的基本框架。"

梁思成在 11 月底到达重庆。费正清写道："他昨晚第一次来到这里，看到了他的中国建筑史图画的缩微胶片，小伙子们特别喜欢照它们，因为它们效果极佳。思成只有 102 磅重，在写完 11 万字的《中国建筑史》以后显然很疲倦，他和一个绘图员以及徽因都必须工作到半夜。"

这些图画复制了一式两份，其中一份梁思成立即给费慰梅寄到华盛顿来保存。另一份他亲自保留在中国。

梁思成的中文《中国建筑史》，如他所说"是试图把我和中国营造学社其他成员过去十二年中搜集到的材料系统化"。他把过去的 3500 年分成六个建筑时代，参考历史和文学文献界走了每一个时代，对每一时代的建筑遗存做了描述，最后分析了从艰苦的文献研究及实地考察的结合中发现的各个时代的建筑物。他认为建筑是文化的记录，建筑史并不是罗列和堆砌各时代的有关史料和建筑遗存，而应该注意各个时期的建筑思想、建筑特征及其演变、发展的条件和规律。通过建筑史的研究，使后人增进对自己国家建筑传统的理解，"在传统的血液中，另求新的发展"。他把书中的各项建筑做法，一一用现代的工程画绘制出来，并将晦涩难懂的宋代建筑术语加以注释。由于他对现存的宋代建筑的实地研究，使得这样做成为可能。还有大量的辽宋建筑实物的照片，也是一种图解。100幅以上的草图已经完成；墨稿和文字说明的准备也在顺利进行中。这部书也是理解中国建筑史的前所未有的贡献。

梁思成和林徽因生活拮据、贫病交加，朋友们有结余时必定互相周济。中央研究院历史语言研究所所长傅斯年瞒着梁思成、林徽因向国民政府教育部长朱家骅写信求助，要求对梁家兄弟的两个家庭给予资助，因为他们都是国家珍贵的栋梁之材。费正清和费慰梅见中国医疗极度缺乏，多次来信劝他们去美国治疗、工作，梁思成和林徽因给费正清夫妇回信说："我们的祖国正在灾难中，我们不能离开她，假如我们必须死在刺刀或炸弹下，我们也要死在祖国的土地上。"

国难当头时，梁思成夫妇不离不弃，誓与祖国共存亡；在保护世界文化遗产上，更表现出可贵的广博胸怀。中国古代建筑蕴含着更为深厚的历史与艺术价值，亟待他们去挖掘。梁思成和林徽因从开始就是把建筑史研究当作一种近乎神圣的事业来献身的。他们在流亡之路，一面凭着非凡勇气和超人智慧将中国古建筑研究事业推向了一个巅峰，一面培育新人为催生现代中国建筑事业做出了不懈努力。

终于，在林徽因的协助下，梁思成反复修改并最后完成了《中国建筑史》这部重要著作的初稿和用英文撰写的

《图像中国建筑史》，还把《营造法式》一书中的宋代建筑做法用现代工程图绘制出来，并对晦涩的术语加以解释，初步实现了他早在学生时代就已怀有的学术夙愿。梁思成也实现了"《中国建筑史》要由中国人来写"的宏愿。

在《营造法式》注释序里梁思成写道："我打算做的是一项'翻译'工作，把难懂的古文翻译成语体文，把难懂的词句、术语、名词加以注解，把古代不准确、不易看清楚的图样'翻译'成现代通用的'工程画'。"多年的夙愿终于开始着手，梁思成和林徽因按捺不住内心澎湃的激情，他们常常工作到很晚，浑然忘记了自己的一身病痛。

对中国古代建筑的研究和写作令林徽因和梁思成得到了内心安慰。徽因写道："思成的营造学社已经从我们开始创建它时的战时混乱和民族灾难声中的悲惨日子和无力挣扎中走了出来，达到了一种全新的状态。它终于又像个样子了。同时我也告别了创作的旧习惯，失去了同那些诗人作家朋友们的联系，并且放弃了在我所喜爱的并且可能有某些才能和颖悟的新戏剧方面工作的一切机会。"

费慰梅回忆当时的梁氏夫妇："思成的体重只有四十七公斤，每天和徽因工作到半夜，写作《中国建筑史》，他已经透支过度。但他和往常一样精力充沛和野心勃勃，并维持着在任何情况下都像贵族一样的高贵和斯文……"

梁从诫回忆："那个时候他（梁思成）唯一的特权，就是有一盏煤油灯。他说这是人生的一大享受，听音乐、画佛像，这是人生的另一大享受。"

梁思成在《中国建筑史》序言里写道："本篇之作，乃本中国营造学社十余年来，对于文献术书及实物遗迹互相参证之研究，将中国历朝建筑之表现，试作简略之叙述，对其蜕变沿革及时代特征稍加检讨，试作分析比较，以明此结构系统之源流而已。"

在李庄，营造学社惨淡经营，梁思成竭尽全力将学社成员数年积累的学术成果汇集成册。梁思成给费正清夫妇的信："我还在竭力勉强维持营造学社的运行，靠着最原始的办法爬行。今年一项最主要的工作，就是推出了两册我们学社的汇刊，算是学社曾经出版的那本季刊的原始粗糙版本。我们采用当地的一种石版印刷术，得自己亲手刻写，而且无法使用任何图片。"

营造学社的学术刊物——《中国营造学社汇刊》，曾出版过两期特殊的刊物，就是在李庄期间，用当地的石版印刷术印制，并手工装订成册的汇刊第七卷第一期和第二期。建筑界同人和学社各地的社友，慷慨捐助了印刷费用。梁思成在这期汇刊上发表了一篇文章——《为什么研究中国建筑》：

"研究中国建筑可以说是逆时代的工作，近年来中国生活在剧烈的变化中趋向西化，社会对于中国固有的建筑及其附艺，多加以普遍的摧残，一切时代趋势是历史因果，似乎含着不可免的因素。中国建筑既是延续了两千余年的工程技术，本身已造成一个艺术系统，除非我们不知道尊重这古国灿烂文化，如果有复兴国家民族的决心，对我国历代文物加以认真整理及保护时，我们便不能忽略中国建筑的研究。"

《中国营造学社汇刊》七卷第二期上，刊登了林徽因的文章——《现代住宅设计的参考》。1944年，长期卧病在床的这位中国女建筑师，借助费正清夫妇寄来的国外最新研究资料，开始思考，战后在中国建设低租住宅的问题。

梁思成写信给费正清说："我们的家境已经大大改善，大概你们都无法相信。每天的生活十分正常，我按时上班从不间断，徽因操持家务也不感到吃力，她说主要是她对待事物的态度变了，恰巧有一些小事使她感到很舒服，而许多事情过去曾经使她很恼火。当然，秘密就在于我们的经济情况改善了。而最让人高兴的是，徽因的体重在过去两个月中增加了八磅半。"伉俪情深，跃然纸上。

《图像中国建筑史》于1944年完稿后，1957年被一位刘姓女士借走后迟迟未还。直到中美恢复通邮后，在费慰梅的一再追讨下，图片和文字稿件才于1980年7月17日回到梁家人手中。费慰梅专程从美国来到中国，与梁家人一起编写目录、核对图稿。四年后在费慰梅和林洙的努力下《图像中国建筑史》才得以出版。这一著作问世后，在美国得到极高的评价："不仅是对中国的叙述，而且是可能有重要影响的历史性文献。"此书还获得了1984年"全美最优秀出版物"的荣誉。

当时仍然在世的陈植评价："这一名著是中国建筑学家第一次以英文撰写的、具有权威性的中国建筑简史。它以近代的建筑表达方式，分析了中国建筑结构物的基本体系及其各类部件的名称、功能与特点，叙述了不同时代的演变，阐明了主要建筑类别，图文并茂，互相印证，深入浅出地做出系统性的论述，使中国建筑在国际上闪耀着灿烂的光辉。"

在《图像中国建筑史》的前言中，梁思成写道："我要感谢我的妻子、同事和旧日的同窗林徽因，20多年来，她在我们共同的事业中不懈地贡献着力量。……在大部分的实地调查中，她与我做伴，有过许多重要的发现，并对众多的建筑物进行实测和草绘。近来，她虽罹患重病，却仍葆其天赋的机敏与坚毅。在战争时期的艰难日子里，营造学社的学术精神和士气得以维持主要应归功于她。"

遗憾的是梁思成与林徽因在生前都没有机会目睹这一巨著问世。

3. 迎来胜利

1944年，战争胜利出现曙光，国民政府教育部在重庆设立了战区文物保存委员会，梁思成担任副主任，负责编制一套沦陷区重要的文物建筑，包括寺庙、宝塔、博物馆等的目录，并在军用地图上标明它们的所在位置，以防止它们在战略反攻中被毁坏。日后，这份文物目录，成为新中国全国文物保护名录的雏形。

同年，在抗战胜利前夕，盟军计划轰炸日本。梁思成亲自去拜访美军第十四航空队指挥官。以建筑是社会的缩影，民族的象征，但绝不是某一民族的，而是全人类的共同财产为由，请求军队避开奈良和京都，并在地图上标绘出相应区域。奈良和京都存有大量唐代风格的古建筑，一旦炸毁便无法补救，梁思成的此番努力使日本古都免于一难，他为保护世界文化遗产所做的贡献也为后人所称颂。

1945 年，梁家来到李庄的第五个年头，他们亲爱的朋友费慰梅预告了自己将到中国来的消息。

梁思成和林徽因得知后兴奋异常："最亲爱的慰梅，我们刚刚收到一封激动人心的电报，说你已经抵达新德里了！尽管过去十年来我们天天念叨，什么时候慰梅突然降临，但当一切终成现实，还是让人难以置信。孩子们已经长大，所以现在梁家有四名成员以同样的心情在盼望你的到来。"

1945 年夏天，费慰梅作为美国大使馆的专员又来到中国。1935 年圣诞节的早上，梁思成、林徽因还有金岳霖在前门火车站送别费氏夫妇。1945 年 7 月 3 日，梁思成在重庆机场迎接费慰梅。相隔十年，发生了太多难以置信的事情，不仅中国，整个世界都因战争陷入了疯狂。全世界的人民都在盼望战争结束。

日本投降的消息在 1945 年 8 月 10 日晚上大约 8 点 20 分传到重庆。梁思成和两位年轻的中国作家同费慰梅一起在美国大使馆食堂共进晚餐。在山城的高处，他们一边聊天一边俯瞰全城。梁思成正跟大家讲到泰戈尔访问北京的事。忽然间他停住了，远处隐隐传来警报声。所有人一下子变得紧张而警觉。迟疑片刻后，他们看到了城下欢庆胜利的人群。喊叫、欢呼、鼓掌的人们沸腾起来，整个重庆噼里啪啦地燃放起鞭炮。

在一片欢庆中，梁思成却沉默了。啊，胜利！这个消息不知道被他和林徽因挂在嘴边讨论过多少次。他们憧憬过，胜利消息来临的时候，他们要以自己的方式尽情庆祝，重新拥抱新生活、开创新事业。可是，这么重要的时刻，两个人却分隔两地。梁思成的心里记挂着那个性急冲动的林徽因。是的，无论如何，在这个关键时刻，他们必须相守在一起！

在费慰梅的努力下，一位要好的美军飞行员答应用 C-47 运输机把梁思成和费慰梅送到宜宾，再乘小汽船下行数英里到李庄。

在李庄度过的那些苦难的日子里，他们一遍遍教儿女诵读的诗句，此刻在眼前出现了：

剑外忽传收蓟北，初闻涕泪满衣裳。

却看妻子愁何在，漫卷诗书喜欲狂。

白发放歌须纵酒，青春作伴好还乡。

即从巴峡穿巫峡，便下襄阳向洛阳。

　　林徽因庆祝胜利的方式是坐轿子到茶馆去。梁思成和费慰梅紧紧跟着她。这是她在镇上整整五年时间里的第一次。沏上茶，朋友们任凭思路翻飞，话语无拘无束，畅快淋漓。这分明是北平那段最好的日子的样子呵，在北总布胡同三号，那个四合院的客厅里，马缨花的香味飘进来，桌子上插着花。朋友们饮茶、品酒、喝咖啡，笑声和辩论声穿过云霄，仿佛穿越一样，落在此刻的茶馆里。一杯茶，慢慢饮尽，近十年颠沛流离终结。林徽因和梁思成笑出了眼泪。这一刻他们盼得太久了！不历尽霜风雪雨，怎么得来香甜的新生活？

　　对费慰梅的精神依恋使每一次别离都格外失落，林徽因在费慰梅一离开就写信过去："你不能够想象现在的寂寞同你在这里的时候我们在这同一个院子里度过的热闹时光的差距有多大。"

　　胜利的消息，使林徽因重生出了一股新力量。精神慢慢好起来的她后来写信给费正清欢迎他去，还说："告诉费慰梅，我上星期日又坐轿子进城了，还坐了再冰的两个男朋友用篙撑的船，在一家饭馆吃了面，又在另一家茶馆休息，在经过一个足球场回来的途中从河边的一座茶棚看了一场排球赛。……头一天我还去了再冰的学校，穿着一套休闲服，非常漂亮，并引起了轰动！……如果太阳能再出来，而我又能恢复到我那样的健康状况，我就会不管天气冷不冷，哪怕就是为了玩玩也要冒险到重庆去。因为我已经把我的衣服整理好和缝补好准备走，当气氛适合的时候我收拾行装来找你应该是没问题的。但天一直在下雨……而且也没有船。显然你从美国来到中国要比我们从这里去到重庆容易得多。"

"就是为了玩玩"，一有了船，林徽因就和梁思成一起到重庆来看望费正清与费慰梅。这是五年来她第一次离开李庄。她的健康极其不稳定，即使千辛万苦地来了，大部分时间也只能躺在中研院招待所宿舍。费慰梅找了里奥·埃娄塞尔博士，著名的美国胸外科医生替她做了检查，医生诊断她的双肺和肾脏均已感染，留给她的时间或许只有几年，最多五年。在她短暂而灵动的生命即将走到终点时，她依然活力四射地拥抱生活的每一个赐予，直到走向生命的尽头……

抗战胜利后的一天，梁从诫与母亲林徽因谈起 1944 年日军攻占贵州独匀，直逼重庆的危局。从诫问母亲，如果日本人真打进四川，她和父亲会怎么办？林徽因若有所思地说："中国读书人总还有一条后路嘛，我们家门口不就是扬子江吗？"从诫急了，又问："我一个人在重庆上学，那你们就不管我了？"病重的林徽因握着从诫的手，吸了一口气，抱歉地说："真要到了那一步，恐怕就顾不上你了！"母亲平淡口吻下表现出来的凛然之气使梁从诫大为震撼。母亲的巾帼之风使他震动也使他感动。

1946 年 7 月，梁家结束了九年流亡生活。

九年前，在五台山佛光寺发现两个月后，梁家开始了流亡生活。1938 年，昆明；1940 年，龙头村；1941—1946 年，四川李庄；1946 年，返回北平前。九年后的林徽因已无力站着和朋友合影。

> 什么时候再能有
>
> 那一片静；
>
> 溶溶在春风中立着，
>
> 面对着山，面对着小河流？
>
> 什么时候，又什么时候，
>
> 心，才真能懂得
>
> 这时间的距离；
>
> 山河的年岁。
>
> ——林徽因《无题》1936 年

4. 回到北平

历经八年战乱，和平在期望中并没有完全到来。在梁家尚未返回北平的 1946 年春，国共停战协定墨迹未干，隆隆炮声再次响起。此前一年，在抗日战争胜利即将到来之际，梁思成满怀对和平和建设的憧憬，他认为战后百废待兴，复兴计划应当尽早提上日程，在各个大学增设建筑系培养人才已经迫在眉睫。于是上书清华大学校长梅贻琦，建议战后在清华设立建筑学院，首先在工学院开办建系。

1945 年梁思成致信梅贻琦：“月涵我师，母校工学院成立以来，已十余载，而建筑学始终未列于教程。国内大学之有建筑系者，现仅中大、重大两校而已。抗战军兴以还，各地城市摧毁已甚。将来盟军登陆，国军反攻之时，且将有更猛烈之破坏，战区城市将尽成废墟。英苏等国，战争初发，战争破坏方始，即已着手战后复兴计划。反观我国，不惟计划全无，且人才尤为缺少。”

清华大学批准了梁思成的请求，聘任他担任建筑工程学系主任。同时，与中国营造学社合作，成立建筑研究所，梁思成任所长。

两封不期而至的邀请函打乱了梁思成的计划。耶鲁大学邀请他 1946—1947 学年作为客座教授到纽黑文去教中国艺术和建筑，普林斯顿大学则希望他参加 1947 年 4 月“远东文化与社会”国际研讨会的领导工作。梁思成在战乱频发、条件落后的情况下，不畏各种艰难险阻坚持研究中国建筑史并取得优异研究成果的顽强毅力深深打动了国外学者。他发表的数篇具有开创意义的论文已经引起了国际学术界的注意，战时出版的两期《中国营造学社汇刊》赢得了赞扬。梁思成这个名字忽然成了西方同行最为关注的中国建筑符号。

新学期开始之际，梁思成匆匆赶赴美国。清华建筑系的建系工作，落在了24岁的吴良镛身上。吴良镛1944年毕业于重庆中央大学建筑系。梁思成在重庆工作时，曾请吴良镛担任过助手。梁思成叮嘱吴良镛尽快去清华开课，有任何问题尽管去找林徽因帮忙。

清华大学建筑系迎来了一批慕名而来的报考学生。抗战期间担任过美军翻译的张德沛，因为崇拜梁启超，报考了梁任公之子担任系主任的建筑系。

张德沛、朱自煊和其他13名同学，成了清华建筑系的第一班学生。1946年秋，建筑系如期开学。第一学期，吴良镛是系里唯一的专业任课老师。建系时的各种事务无一不和病床上的林徽因一同商议后定夺。

林徽因为创立建筑系做了大量组织工作，与青年教师们建立了亲密的同事情谊。在学术问题上她一如既往地知无不言、言无不尽，热心地跟同事们进行着毫无保留的探讨与交流。

从无到有，清华建筑系度过了1946年的第一个学期。1947年初，原营造学社社员，刘致平、莫宗江、罗哲文一道北上，加盟了清华建筑系，教师队伍开始扩大。建筑系最初的专业训练仍然是古典柱式的基本画法、渲染画等这些以巴黎美术学院为代表的古典主义教学模式。

远在美国的梁思成正加紧学习美国的建筑业发展。战时的中国，扼制住了建筑业的发展。西方世界里现代主义思潮已经大行其道。梁思成为脱节的这些年感到惋惜，他必须跟上节奏，把学到的知识带回中国。

在美国期间，他参观考察了近 20 年的建筑，并访问了国际文明的建筑大师 F.L.Wright、Gropius、E.Saarinen 等，出席了普林斯顿大学召开的"体形环境"学术会，接触了许许多多不同领域与流派的建筑师以及住宅、城市规划、艺术、艺术理论、园艺学、心理学、公共卫生学等方面的专家。正如梁思成一贯的思想，建筑是一门综合学科。在更深入地了解到国际学术界的发展方向后，建筑范畴已经从过去单栋的房屋扩大到了人类整个的"体形环境"，范围小到杯碗盘碟，大到整个城市、国家，建筑师的任务就是为人类建立政治、文化、生活、商业等各个层面的舞台。

梁思成是第一位在世界舞台上系统宣讲中国建筑历史的中国学者，这一年，还有更多的荣誉在等待着他。

1946 年，梁思成来到耶鲁大学，在这里讲授中国艺术和建筑。

1947 年 4 月，美国普林斯顿大学庆祝建校 200 周年，在举办的系列纪念活动中，梁思成应邀担任了"远东文化与社会"研讨会的主席。来自全世界的 60 多位专家学者到会，其中包括了他的好朋友费正清夫妇。会议期间，梁思成举办了一次中国建筑图片展，同时做了"唐宋雕塑"和"建筑发现"两个学术演讲，他是所有与会学者专家中唯一作两个学术报告的。普林斯顿大学因为他在中国建筑史研究上的杰出贡献，授予他荣誉文学博士学位。与他同时获得普林斯顿大学学位的中国学者还有著名哲学家冯友兰教授。

学位颁发仪式开始，身材高大、白发苍苍的杜维文达克佩戴着中世纪头饰，身着长袍，与比他瘦小、看上去显得年轻，身着普林斯顿提供的过大的黑色长袍和帽子的梁思成，一高一矮，形成鲜明的对照。和这一赞词相配的，是他拥有的众多头衔，只要举出其中一些就够显眼的了：中央研究院院士、中国建筑研究所所长、清华建筑系主任、清华建筑研究所所长、联合国大厦咨询委员会委员以及耶鲁大学访问美术教授。

校长宣读对梁思成的赞词："文学博士梁思成，一个创造性的建筑师，以及建筑历史的讲述者，在中国建筑史研究和探索方面的开创者，也是恢复、保护他本国建筑遗存的带头人。"

事后，梁思成以典型的礼貌、谦逊、机智的梁氏风格向普林斯顿大学校长多兹回复："对一个只不过花了太多时间和精力来追寻、也许仅仅是满足其闲情逸致的好奇者而言，这样的奖赏实在是过高了！"

话虽如此，梁思成在美国期间受到的学术肯定，使他更加坚定了学术研究的意义。热血沸腾的他已经胸有成竹地设想出了中国建筑的发展前景。

1947年，新成立的联合国决定兴建总部大厦，来自全球十几个国家的建筑大师云集纽约。作为中国的建筑师代表，梁思成成为这个由11位建筑师组成的设计团队的成员。

参与设计联合国大厦，使梁思成有机会结识了来自世界各地的杰出建筑师。他在设计咨询委员会中的同事们来自澳大利亚、比利时、巴西、瑞典、英国、苏维埃俄国和乌拉圭。其中来自法国的勒科布西埃和来自巴西的奥斯卡·尼迈亚在世界上名声最大。

梁思成在耶鲁大学还有教学任务，这从时间上大大限制了他对联合国工作的参与程度。但联合国大厦的强大吸引力，使他总是挤出时间尽可能在纽约多待些时间。这正是他从委员会的讨论中学习东西的好机会。脱节的中国如何与国际接轨，这正是锤炼他融贯东西能力的好时机。当时还是一个年轻的美国建筑师、协助纽约建筑事务所的华莱士·K.哈里逊掌握联合国总部工程的乔治·杜德莱在1985年写下了他对1947年的梁先生的回忆：

"他的加入对于联合国设计委员会是一大好事，尽管我们当中很少有人知道他或他的事业。他给我们的会议带来了比任何人都多的历史感，他远远地超越了勒科布西埃所坚持的直接历史感——他所独有的远离法国美术家风格或对我们的文化变迁的尚无定论的反应。"

梁思成对于联合国工程是非常认真的。各国建筑大师妙思纷呈，梁思成向设计团队贡献了中国建筑师的智慧，24 号设计方案，是由中国建筑师梁思成提供的。杜德莱说梁思成对尼迈亚的从北到南高层平板的建筑方案给予热情支持，它最后得到委员会的一致批准。在现场陈述中梁思成说："建筑物东西向延伸，可以使建筑最大限度地利用阳光，我认为这不仅可以使里面的环境舒适，还能提高工作效率，而且还可以因节省安装空调等其他设备，省下不少建筑费。"

汇聚了全世界建筑师共同智慧的联合国总部大厦 1947 年在纽约曼哈顿破土动工。在纽约参与联合国大厦设计期间，梁思成住在老朋友斯坦因家中。斯坦因是 20 世纪初美国区域规划创始人，在汽车时代推出田园城市概念的设计领袖。1935 年，斯坦因曾携带妻子同游北平，在那里结识了梁思成夫妇。此时，劫后余生的欧洲许多城市，都在废墟中恢复城市建设。而在世界大战中本土免遭战火的美国，意外得到空前发展的机会，城市居民的住房需要急剧膨胀，城市化快速进行。斯坦因在给梁思成的信中写道："我看现在美国到了一个大变革时期，毫无疑问，在未来的二十年到二十五年时间内，人们对住宅的渴求，将极大地改变我们城市现在的面貌。我们必须采取行动，以阻止城市沿着过去旧有模式继续恶性膨胀发展，其弱点已经暴露无遗。我们应该唤醒公众，去追求新的城市发展方向。"

面对无序发展的城市，20 世纪初，斯坦因主持设计了若干在美国历史上具有里程碑意义的社区住宅项目，开创性地推广了集中住宅理念，旨在将城市人口有机疏散。斯坦因热情地为即将回国的梁思成写了一系列推荐信，让他参观在美国各地建成和兴建中的新型城市规划住宅项目。在参观了美国田纳西河流沿岸社区工程后，梁思成给斯坦因的信中写道："我多么希望中国长江沿岸也能有这些项目，可以造福那里的老百姓。中国需要太多的此类工程项目。"

离开美国前梁思成还有最后一件事要做，他再次来到富兰克林费正清夫妇家中，和费慰梅连续工作数日，校订他的英文版中国建筑史书稿。

1947 年夏天，梁思成提前办理打包托运的书籍，他需要尽早返回国内，林徽因的病情正在急剧恶化，虚弱的妻子需要他的陪伴。

当我去了，还有没说完的话，

好像客人去后杯里留下的茶；

说的时候，同喝的机会，都已错过，

主客黯然，可不必再去惋惜它。

如果有点伤感，你把脸掉向窗外，

落日将尽时，西天上，总还留有晚霞。

一切小小的留恋算不得罪过，

将尽未尽的衷曲也是常情。
你原谅我有一堆心绪上的躲闪，
黄昏时承认的，否认等不到天明；
有些话自己也还不曾说透，
他人的了解是来自直觉的会心。

当我去了，还有没说完的话，
像钟敲过后，时间在悬空时暂挂，
你有理由等待更美好的继续；
对忽然的终止，你有理由惧怕。
但原谅吧，我的话语永远不能完全，
亘古到今情感的矛盾做成了嘶哑。

——林徽因 《写给我的大姊》

第十一章　献出我最热的一滴眼泪[1]

当梁思成与费正清、费慰梅匆匆告别时，他们心里都清楚，也许这是两对亲密的跨国友人间最后的相处时光。尽管他们谈论着重逢，但是未来的重逢已经遥不可及。费慰梅以文学家的敏感，觉得要对梁思成和林徽因的生平留下一些记录，他们拿出了一个下午加一个晚上的时间，来回顾梁氏夫妇的前半生。这次明智的采访记录，为以后费慰梅撰写《梁思成与林徽因》留下了宝贵的素材。离别时，梁思成向费慰梅吐露心声：无论内战结局如何，梁思成和林徽因两个人都会留在北平。

1947 年，梁思成从美国离开后写信给费慰梅："亲爱的慰梅，数次在富兰克林拜访的经历如此美好，真希望徽因也在这里。我害怕说再见，未来难再团聚的感觉总是隐隐袭上心头，如果还有机会来美国，我一定要带徽因同行，但我怀疑她今生是否还有体力远行。所以我们只能期待你们来看我们，可这和我们团聚美国太不一样了，这是徽因数年的一个梦想。每当想到这里我就非常难过，我觉得是我……是我的忽视，我的不够尽心尽力造成了徽因现在的

1　林徽因：《激昂》，《北斗》创刊号 1931 年 9 月。

状况，我永远也无法原谅我自己……"

至此一别，四位亲密的朋友再也无缘相见。

1947 年，林徽因的身体状况开始急剧恶化。

林徽因给费慰梅的信："怎么说呢，我觉得虚弱、伤感、极度无聊——有时当绝望的情绪铺天盖地而来时，我干脆什么也不想，像一只蜷缩在一堆干草下面的湿淋淋的母鸡，被绝望吞噬，或者像任何一只遍体鳞伤、无家可归的可怜动物。我不是要哭诉，只是无法正视所有那些曾经有过的满载欢歌的野外考察和旅行已经随风而去，远离我们任何一人……"

梁思成返回家里时，林徽因正在持续发低烧。低烧使手术只能无限期地后延。林徽因的肾已经被严重感染，与此同时侵袭肺部的结核使她呼吸异常困难。如果肾脏手术真能施行，消除一个感染源或许碰巧能够在某种程度上改善她的健康状况。

梁思成又恢复了他作为她的护士、知心人和安慰者的角色，尽可能抽出时间来陪伴她。随着新学年的开始，管理和教学的需求使得公私事务都更加繁忙了。

1947 年 12 月，手术摘去林徽因一个被结核病菌感染多年的肾脏，死亡的阴影暂时略去。在手术之前，林徽因为防万一给费慰梅写了诀别信："再见，我最亲爱的慰梅。要是你忽然间降临，送给我一束鲜花，还带来一大套废话和欢笑该有多好。"

紧接着，梁思成的一封电报报告说手术是成功的。

在 1948 年 3 月，思成被选为中央研究院人文学部艺术史方面的院士。8 月他飞往南京，参加研究院创建 20 周年庆典和在研究院总部召开的第一次全体院士会议。这是和许多老朋友一起参加的最后一次会议。

1948 年 9 月，中国第一批院士诞生了。国民政府在首都南京举办了中央研究院成立 20 周年暨首届院士大会，第一批 81 名当选院士，分人文、数理、生物三组。梁家两兄弟梁思成、梁思永因在建筑学、考古学上的卓越成就双双当选，梁家的老朋友哲学家金岳霖、著名学者胡适也在当选名单上。这是苦难中国孕育的学术精英，连年的战乱并没有淹没他们在各自领域的耀眼光芒。但是，正当他们学术生涯步入黄金时期，却遭逢历史的大变局。内战已濒于危急，短期内蒋委员长就将下野并迁往台湾。中央研究院作为政府机构，要跟着一起迁去台湾，但是梁思成和林徽因明确表示坚决要留在祖国。

1. 育人

抗战时期，致力于古建筑研究的梁思成并没有忘记建筑教育。他跟杨廷宝、童寯等商议设立了桂辛奖学金，于 1942 年、1944 年举办了两届建筑设计竞赛。两次竞赛都是与中央大学建筑系合作，当时杨廷宝在这里兼课。1942 年得奖人是郑孝燮。1944年前三名是朱畅中、王祖堃、张琦云。

一直追随他的莫宗江回忆，梁思成并不爱讲什么大道理，凡事必率先垂范，包括画图，也总是示范给他看，除了要准确地表现建筑的结构、构造外，线条的粗细、均匀、交点等都要一丝不苟。他的标准是，图纸不仅能表达清楚学术问题，还要具有相当的科学性。林徽因则往往从一张画谈开去，谈到中西方建筑的特点、东西方文化的比较，由建筑延伸到美学、哲学、文学。

梁思成为建筑系开设了一系列中外建筑史课程，并且亲自任教，不仅如此，学生们还发现一些诸如市镇计划学、都市社会学、人口问题等新科目开始出现在课程表中。他将清华建筑工程学系的名称更改为"营建学系"。"营建"是中国古代对经营、统筹规划、设计、建设、管理的统称。他认为"建筑"这个词汇不足以涵盖体形环境下的内涵。这个时期，他学术思想已日臻完善，一线考察实践得来的学识，使他的教学思想更加丰富、严谨、科学。

梁思成在创办清华建筑系之初即十分注重知识的培养。尽管他的行政事务非常繁忙，他仍然坚持给同学们亲自授课。他除了讲授中、外建筑史外，还经常给刚进大学的学生讲"建筑概论"，担任低年级的"建筑设计"课程。非常注意树立民主的学风。他平易近人，又很诙谐。在评图讨论时，鼓励大家畅所欲言，年轻人在他面前从不感到拘谨。他不但具有渊博的知识，而且善于深入浅出地用生动的语言和比喻向学生讲明什么是建筑、建筑师的任务和建筑师应该怎样工作等。在同学们的心目中他们的系主任身材瘦小，眼镜后面双目炯炯有神，还带着一丝孩子气的笑意，他和蔼可亲、乐天淳厚，说话时表情丰富，一手夹着香烟打手势，极富幽默感。

梁思成深入浅出的教学方式使同学们印象深刻。他善于从课内到课外，经常教育和引导学生时刻注意周围的环境，观察所见到的建筑，研究与建筑师有关系的一切事物，启发学生对建筑事业的责任感，培养学生对自己专业的兴趣和感情。在讲概论课时，他转身在黑板上画了一只小狗，问同学们是什么？同学们回答是狗，他又在狗旁边画了一个与狗同等大小的小屋，问这是什么？大家一齐回答是狗窝。他点了点头，又在狗窝旁边画了一个大房子问是什么？同学们说是房子。梁思成笑了，在黑板上挥笔写下"尺度"两个字，然后说，"这就是尺度"。

有一次梁先生在画了一个小婴儿和一个成年人，然后又在成年人旁边画了一个和成年人同等大小的婴儿，问这两个谁是大人谁是小孩。同学们回答后，他说：这就叫比例。建筑和人一样，各种建筑有自己的特点和比例，如果尺度弄不好，让人看起来就像拔高了的小孩或缩小了的大人，会很不舒服。

建筑系一九六一届的学生都记得梁思成给他们做有关美学的讲座：他先在黑板上画了一派人物，从唐俑侍女，到敦煌壁画里的飞天，到宋画明画里的仕女，再到清代身着满服的女子，最后画到穿旗袍高跟鞋的摩登女郎，然后他在黑板上一板一眼地写上"美是有时代感的，它反映时代的精神"。抽象的美学跃然而出。

梁思成在古建筑研究中坚持的严谨学风也贯穿在他的教育工作中。他审阅青年教师和研究生的论文都是逐句修改，从内容到错别字，连一个标点符号也不放过。他不仅自己做到，而且也要求教师和学生熟悉古今中外的著名建筑，能随手勾画出这些建筑的形象和记住它们的建造时期。他不但培养学生的高超技艺，同时也十分注意培养学生的良好作风，反对少数艺术家的所谓不修边幅的那种散漫习气。他强调一个建筑师要对一个工程负责，必须要有严格和科学的工作作风。他要求每一张设计图纸都要制图清楚，尺寸准确、连写字大小都要按不同等级的规定，文字与图分布均匀，干净利索，一目了然。

有时候，他的课不靠讲来传授。他把一些唐朝佛像的绘画展开，又展开一些魏碑的拓片，要求学生们用眼睛看，看看唐朝的佛像和魏碑字的味道有什么不同。当他带来雕像的时候，学生们就知道，他们不仅要用眼睛仔细观察，还要进一步用手去感触，用心去揣摩那些线条的流畅回转与变化。而这些，是靠体会、感悟无法言传的。

梁思成总是要求学生们要说真话，要学会表达自己的意见，要说得别人能听进去，所以还要提高表达能力。莫宗江刚到营造学社时只是一个初中生，梁思成手把手一点点地教会了他。莫宗江依靠自己的勤奋快速成长起来。

梁思成常常对学生说："希望你们喜欢自己的职业，建筑创作要有激情，就像画家一样，一张好的作品，得有那么一种激情，否则这张画在技巧上不论多高明也是只有匠气，而无灵气。同样建筑师不是把一些东西堆砌起来，画出来。建筑师得有想法，有立意，创作在其中，有激情在里面，才能满怀热情地去做。不要挑挑拣拣的，认真对待每一件工作，你才能体会到，你是一个很可爱的建筑师，这个职业是个很好的职业。一定要把感情放进去，比如巴黎的公共厕所就设计得非常好嘛。"

关肇邺教授回忆道：

我正式听过先生讲的课有《西洋建筑史》《建筑设计原理》和《中国绘塑史》三门。课时不多，但给我的印象很深刻。常说好的教师若倒给学生一杯水，自己要有一桶水。但我感到对于先生而言，至少应说是有一大缸水。他在讲课中时时涉及有关联的外围领域，如中外历史、语言、艺术、书法、音乐、佛教哲学、工程技术、城市规划等。我们学生不多，大家围坐一桌，先生娓娓而谈，如聊家常，如数家珍，大家无不被他那极高的文化艺术素养所感染。先生所讲到的内容，这些人类创造的文化结晶，大部分不只是来源于书本，而是经过先生的亲自观察、细心揣摩，有的是亲手测绘摹写、甚至是他第一个发现论证的，是真正兼有丰富的感性和理性认识的。由于学贯古今，兼通中西，所以旁征博引，一件事物可以和不同时代、不同地域、不同文化背景的相应事物进行比较分析，从而使学生加深理解，印象深刻。

先生有极深厚的功底，这对我们更是最有影响力的样板。记得在建筑史课里，当先生讲到罗曼建筑如何发展成为哥特式的，他边讲边画，从如何减薄了墙壁、出现了大窗，到如何加强壁柱、出现了扶壁和飞扶壁，如何加上小尖塔、吐水兽以及如何拉长了柱子、调整了比例，出现了筋肋和各种装饰，短短十多分钟工夫，把哥特建筑形象的来龙去脉讲得一清二楚，同时黑板上也一步步地出现了一个极完整、极准确、极精美的哥特教堂剖面图和天花仰视图。从大的间架比例到细部装饰，无不惟妙惟肖。这堂课给我的印象实在太深了，真是终生难忘！[1]

吴良镛道出了梁思成与林徽因在治学上相互教益的感人一面：梁先生讲课的风格条理清晰，深入浅出，旁征博引，

1　林洙：《梁思成林徽因与我》，三联书店（香港）有限公司2011年6月香港第1版，第257页。

思路开阔。他很重视表达方式，讲课之前一般都做好充分准备。讲完后，林先生是他的第一个评论家，详细分析和评论这一讲的成功与失败。

2. 国徽

1949 年国民党败退台湾，国民政府中央研究院的 81 位院士中，有 60 余位选择留在了大陆，梁林在北大、清华的朋友周培源、陈岱孙、钱端升、金岳霖都留在了北平。中研院各研究所中，只有傅斯年领导的史语所完整迁台。

《费正清对华回忆录》里评价道：历史把我们的北京朋友分成两个群体，相当大一部分在 1949 年以后一直在台湾，依然是流亡者。这些由原来的具有独立学术思想的北京知识分子分成的两大群体会继续受到历史粗暴而轻率的对待，但是他们继续尽其全力，在内战和政治运动中为国效力。他们中间没有谁在斗争中取胜，也没有谁离开过斗争，最终会有人给他们所有的人制定一张资产负债表。他们是遭受灾难的一代，但绝不是湮没无闻的一代。

1948 年 12 月，林徽因给费正清夫妇发出最后一封信的时间，正是清华解放的日子。林徽因在信里已经开始向远方的挚友告别："我冥冥中感觉，或许和美国间只有一到两个月的自由通信时间了。我觉得空气令人窒息，眼下只是希望这封信能在圣诞之前抵达。我们现在可能要有很长时间彼此见不着……明年或下个月我们的情况可能会有很大的变化，虽然我们还不知道是什么样的变化。但只要年青一代有意义的事情可做，过得好、有工作，其他也就无所谓了。"

梁思成和林徽因，费正清和费慰梅，两对生命中的挚友，从此，天各一方。这不仅仅是地理上的隔绝，他们将再也听不见彼此的音讯，直到生命终结。

1949年9月29日，梁思成给参军南下的女儿写信，难掩兴奋之情："宝贝的孩子，好容易得了一点空闲，赶快写封信给你，今天是政协开会的第八天，散得比较早，晚上也没有小组会、晚会等，可是又赶不回清华，在招待所中空闲一下子，我得以参加这个开国盛典，实在感到光荣与兴奋。当两个月前我设计改造中南海怀仁堂会场时，再也想不到自己会来坐在这代表席上的。……我这几个礼拜来整天都在开会，在机构的组织和人事方面着忙。四面八方去拉建筑师来北京，组织公营建筑师事务所，组织都市计划委员会的企划处等，技术工作全由妈妈负责指挥总其成，把你妈妈忙得不可开交，我真是又心疼，又不过意，但是工作一步步地逼迫着向前走，紧张兴奋，热烈至极。……妈妈瘦了许多，但精神极好。"

他在信里还谈到了"国旗国歌国徽小组"选择国旗应征图案的具体过程。关于国歌选定，信中说："张（奚若）伯同我可以自夸有不小的功劳，"他说，他们是积极主张以《义勇军进行曲》作为国歌之一，"有人主张改词，我认为不必，"后来他的意见被采纳了。"那是最可纪念的一夕。"

经过七年的休养，虚弱的林徽因终于能够站起来了。她迫不及待地穿上制服，参加到新中国的建设中。她被聘为北京市都市计划委员会委员、人民英雄纪念碑委员会委员，她还当选为北京市第一届人民代表大会代表。她站上了讲台，为学生开设了《近代住宅》课程。

1949年7月，中华人民共和国成立前夕，面向全国公开征求新中国国徽。在应征的900余幅国徽图案中，林徽因与莫宗江合作的国徽图案，因具有强烈的中华民族特色而得到几位中央领导同志的赞赏。经过一个月的探讨，他们请来清华大学中国美术史教授邓以蛰、工艺美术史教授王逊、雕塑教授高庄及梁思成一起研究讨论，几经改进。

1950年6月11日晚，周恩来总理亲自约请梁思成在清华大学组织教师，按政协常委会提出的要求，以天安门为主要题材设计国徽图案。

6月12日上午，梁思成和林徽因在清华大学新林院八号家中召集营建系教师莫宗江、朱畅中、李宗津、汪国瑜、胡允敬开会组成国徽设计小组。在梁思成与林徽因的主持下，推敲出方案。

1950年6月底，当女儿梁再冰从武汉调回北京时，发现家里已经变成了巨大的"作坊"。桌椅板凳上到处是国徽设计图案。沉浸在国徽图案设计中的林徽因无暇顾及女儿，与梁思成不顾病弱之躯正在完成细部的改进，并完成最后的制图。

在中华人民共和国成立一周年的时候，经过清华大学营建系和中央美术学院几十位设计人员共同努力，国徽，高高地悬挂在了天安门城楼上。

1950 年 9 月 20 日，中央人民政府毛主席命令公布国徽图案。在中华人民共和国国徽说明中是这样写的："国徽的内容为国旗、天安门、齿轮和麦稻穗，象征中国人民自'五四'运动以来的新民主主义革命斗争和工人阶级领导的以工农联盟为基础的人民民主专政的新中国的诞生。"

3. 人民英雄纪念碑

1949 年 9 月 30 日，中国人民政治协商会议第一届全体会议，为了纪念在人民解放战争和人民革命、民族解放、民主运动中牺牲的人民英雄，通过了在首都建立人民英雄纪念碑的决议。当天下午 6 时，毛泽东主席率领全体政协代表在天安门广场举行了纪念碑的奠基典礼。

之后，在北京市人民政府彭真市长的领导下，由 17 个单位组成的首都人民英雄纪念碑兴建委员会主持工程兴建事宜，并广泛征求设计图案。纪念碑的设计工作由梁思成主持。委员会先后收到草案 140 多种。

1951 年，梁思成和林徽因共同参与到人民英雄纪念碑的设计和建造工作。梁思成每天奔走于城里和清华园之间。林徽因已经重病卧床，不能执笔，但仍以极大热情投身于这项有伟大意义的工作。刚刚从建筑系毕业的关肇邺参加了正在进行中的人民英雄纪念碑设计绘图工作，当时，梁思成是纪念碑兴建委员会的副主任。林徽因承担了纪念碑的浮雕图案设计。一个月的时间里，每天从早上 8 点到下午 5 点，关肇邺准时到梁家报到，在林徽因的指导下绘制浮雕图案。

在梁家的起居室兼书房里，安放了两张绘图桌，与林徽因的病室只一门之隔。每天清晨，梁思成进城之前先与林徽因一起制定出一天的工作内容，由关肇邺执笔绘制，并随时拿到床前由林徽因指导修改。有时林徽因也亲自动手示范，从总平面规划一直到装饰图案纹样，每一个细节反反复复、一次又一次地进行推敲。

"例如在研究纪念碑须弥座上下枋上的装饰浮雕时，梁、林二师各指定二三处历史上的名例，作为北魏风格和唐代风格的蓝本，指出分别在某石窟或某碑边，可在某书某图集中查到。等我将资料备齐后，他们就对图分析，将不同风格的主要区别以及它们的社会思想背景及构图规律，与其他艺术形式的关联等详细讲解。确定我已能领会其基本特点后，再指定我将其改造成纪念碑所需的适合图案，以多层次渲染表现出来，以进行具体比较。每绘一例都要从小比例尺全图逐级放大直到大样，并在每一图上绘以人形，以保证正确的尺度。二师对图的表现要求极严，特别是线形的刚柔、浮雕的深浅变化等稍有出入都逃不脱他们敏锐的眼睛。有一次一些线条轮廓画得过于圆滑些，林师当即半开玩笑地说：'啊，这是乾隆 taste，不配表现我们的英雄！'她马上提到乾隆的其他问题，乾隆的书法也是这样一个味道，她就可以从这个本来是为了解决一个图案一下子转到乾隆的很多事情，当然她也不是简单地说乾隆，就讲到艺术的规律，在什么样的情况下要出现什么样的艺术。经过比较，他们选定了一种以唐风为主的风格，指出这种处于盛唐文化全面发展高涨时代的艺术，具有与欧洲文艺复兴类似的人文主义特点，能更好地表达中华人民共和国成立后的人民对英雄的歌颂与怀念。"[1]

1952 年，人民英雄纪念碑破土动工，采用的是梁思成建议并修改的方案。

1953 年春天，在青岛浮山开凿碑心大石料，加工后的净重有 103 吨，由鞍钢调用起重技术和工具，运往火车站。东北电业管理局调用了 90 吨的平台，石景山钢铁厂帮助检修了两台起重吊杆，每台可以安全起重 50 吨、起高 40 米。整块百吨大石的吊装方法，一度成为纪念碑兴建委员会反复研究的项目之一。

---

1 关肇邺：《病床前指导修改》，刘小沁编选：《窗子内外忆徽因》，人民文学出版社 2001 年版，第 202 页。

1953 年 3 月林徽因写信与梁思成沟通工程进度："我的工作现时限制在碑建会设计小组的问题上，有时是把几个有限的人力拉在一起组织一下，分配一下工作，做技术方面的讨论，如云纹，如碑的顶部；有时是讨论应如何集体向上级反映一些具体意见，做一两种重要建议。今天就是刚开了一次会，有某某等连我六人前天已开过一次，拟了一信稿呈郑主任和薛秘书长的，今天将所拟稿带来又修正了一次，今晚抄出大家签名明天发出，主要要求：立即通知施工组停扎钢筋；美工合组事虽定了尚未开始，所以趁此时再要求增加技术人员加强设计实力，第三，反映我们认为去掉大台对设计有利（原方案碑座为一高台，里面可容陈列室及附属设施——梁注），可能将塑型改善，而减掉复杂性质的陈列室和厕所设备等，使碑的思想性明确单纯许多。……"

除了组织工作，林徽因亲自为碑座和碑身设计了全套饰纹，特别是底座上的一系列花圈。为了这个设计，她曾对世界各地区、各时代的花草图案进行过反复对照、研究，对笔下的每一朵花，每一片叶，都描画过几十次、上百次。那段时间里她床边的几乎每一个纸片上，都有她灵感突来时所匆匆勾下的某个图形，就像音乐家们匆匆记下的几个音符、一句旋律。

4. 古城

梁思成对古建筑一直葆有初心，他在《为什么研究中国建筑》一文中饱含深情地写道："如果世界上艺术精华，没有客观价值标准来保护，恐怕十之八九均会被后人在权势易主之时，或趣味改向之时，毁损无余。一个东方老国的城市，在建筑上，如果完全失掉自己的艺术特性，在文化表现及观瞻方面都是大可痛心的。

"在城市街心如能保存古老堂皇的楼宇，夹道的树荫，衙署的前庭或优美的牌坊，比较用洋灰建造的卑小简陋的外国式喷水池或纪念碑，实在合乎中国的身份，壮美得多。且那些仿制的洋式点缀，同欧美大理石富于"雕刻美"的市中心建置相较起来，太像东施效颦，有伤尊严。我们应该研究汉阙，南北朝的石刻，唐宋的经幢，明清的牌楼，以及零星碑亭、泮池、影壁、石桥、华表的部署及雕刻，加以聪明的应用。"

这是梁思成和林徽因心目中古建筑应该得到发展的样子。

中华人民共和国成立之始，梁思成不仅是清华大学建筑系的主任，还担任中央直属修建处的副主任委员，负责中南海新宿舍和怀仁堂的改建，同时是全国政协代表，北京市政协副主席，而让他最觉应当不负使命的职务，是北平都市计划委员会副主任。

北平解放一个多月前，梁思成为准备攻打北平的解放军部队编制了古都北平的文物建筑名单，仅仅几个月后，他再次受到新政权的委托，同清华大学建筑系的教师一道编制了《全国重要建筑文物简目》，他们依托过去近20年时间里中国营造学社的同人对中国古建筑进行调查研究的结果，将当时全国22个省145个市县500—600个古建单位编制进了这本文物简目。简目的第一个城市为北平市。首项为北平城全部，条目这样描述：世界现存最完整最伟大之中古都市，全部为一整个设计，对称匀齐，气魄之大举世无匹。

1949年1月，北平和平解放后，中央政府及军政机关以及相应的服务机关、眷属等开始陆续迁往北平城，各单位急于在城里城外寻找落脚点，种种情形令梁思成倍感忧虑。1949年9月19日，作为北平都市计划委员会副主任，梁思成致信当时的北平市市长聂荣臻：

"荣臻将军市长，北平都市计划委员会成立之初，……我们人民的首都在开始建设的时候，必须'慎始'，在'都市计划法规'未颁布之先，我恳求你以市长兼市划委主任的名义，布告各级公私机关团体和私人，除了重修重建的建筑外，凡是新的建筑，尤其是现有空地上新建的建筑，无论大小久暂，必须事先征询市划委的意见，然后开始设计制图，若连这一点都办不到，市划委就等于虚设，根本没有存在的价值了。"

新政权建立之初，百废待兴，一场规划首都建设大业的重任，摆在北京都市计划委员会面前。都委会副主任梁思成和新上任的企划处处长陈占祥决意吸取西方社会半个多世纪来大城市发展中的经验和教训，为一个千年古都即将开始的大规模建设做一份长期的规划。他们递交了一份提案——《关于中央人民政府行政中心区位置的建议》，史称《梁陈方案》。这份方案的核心内容，是把即将开始大规模建设的中央人民政府行政中心区的位置定在古城之外。

然而这份充满历史价值与情感价值的方案不仅没有被采纳，反而被指责为与苏联专家分庭抗礼。

1949年底，苏联专家团提出了北京市规划设想，建议参照莫斯科经验，以天安门广场为中心，建设首都行政中心，并把北京建设为以强大工人阶级为主要人口的大工业城市。

渐渐地，在"把首都建设成生产城市"的总纲领指导下，妨碍这一目标的一切事物，都面临去留存废的抉择。象征着封建帝王统治的城墙、城楼，影响马路取直拓宽的塔、寺、牌楼、北海团城，甚至包括那个被认为"空空荡荡在北京当中放着"以至行人和车辆都要绕道而行的故宫。

其实，对城墙的毁弃，历来有之，伦敦、巴黎、罗马，都在革命胜利后早早地拆除了自己的城墙，梁思成想留住这世界上已经幸存至20世纪50年代的最后杰作。

在完整保护北京古城的方案受挫后，梁思成"退而求其次"，思考建筑物的民族形式问题，在当时，这既符合新民主主义论提出的民族的、科学的、大众的文化，也符合斯大林对苏联建筑的"民族性"要求。

绵延几十公里的北京城墙，梁思成为它构想了立体环城公园图。

1950年梁思成在《关于北京城墙存废问题的讨论》中还怀着一丝企望："城墙上面平均宽度约十公尺以上，可以砌花池，栽植丁香、蔷薇一类的灌木，夏季黄昏可供数十万人的纳凉游息，秋高气爽的时节，登高远眺，俯视全城，它将是世界上最特殊的公园之一，一个全长达39.75公里的立体环城公园。"

在1951年4月的《新观察》上，梁思成撰文《北京——无与伦比的都市杰作》。1952年1月开始，林徽因在《新观察》开设"我们的首都"专栏，向新中国详细介绍北京这个千年古都的价值。

对大量古城楼、古城墙被拆，林徽因指着吴晗的鼻子大声谴责。梁思成与林徽因到处大声疾呼、苦苦哀求，甚至声泪俱下，他们发出疾呼，这些城墙一旦拆除，将永远不能再恢复。他们想不通，为什么经历了几百年沧桑，中华人民共和国成立前夕还能从炮口下抢救下来的珍稀古城，在新中国的和平时期建设中却要被毁掉呢？

梁思成在《整风一个月的体会》中坦然承认："在北

京城市改建过程中，对于文物建筑的那样粗暴无情使我无比痛苦，拆掉一座城楼像挖去我一块肉，剥去了外城的城砖像剥去我一层皮。"

1954 年，在中央科学讨论上，梁思成尽情地阐述了"建筑是有民族性的"，"中国的建筑有悠久的传统和独特的做法与风格"，将他几十年研究中国建筑的收获和众人分享。梁思成提出了两张想象中的建筑图，"作为在我们开始学习运用中国古典遗产与民族传统的阶段中所可能采用的一种方式的建议"。

然而不久，建筑思潮突变，1953 年斯大林去世，苏联开始了对斯大林时期建筑领域所倡导的所谓"复古主义"的批判，中国建筑界闻风而变，1955 年，《建筑学报》在第 1 期上集中发表了多篇针对大屋顶建筑的批判文章。1955 年 3 月 28 日《人民日报》刊登社论说，建筑中浪费的一个来源，是我们某些建筑师中间的形式主义和复古主义建筑思想，他们拿封建时代的"宫殿""庙宇""牌坊""佛塔"当蓝本，在建筑中大量采用成本昂贵的亭台楼阁、雕梁画栋，这些建筑不但耗费了大量的金钱，而且大都有碍实用。一场批判"大屋顶"的运动开始了，当时建筑界"民族形式"的倡导者，首当其冲的自然是一辈子研究中国古典建筑的梁思成。

第十二章　还有没说完的话 [1]

我情愿化成一片落叶，

让风吹雨打到处飘零；

或流云一朵，在澄蓝天，

和大地再没有些牵连。

但抱紧那伤心的标志，

去触遇没着落的怅惘；

在黄昏，夜班，蹑着脚走，

全是空虚，再莫有温柔；

忘掉曾有这世界；有你；

哀悼谁又曾有过爱恋；

落花似的落尽，忘了去

这些个泪点里的情绪。

到那天一切都不存留，

1　林徽因：《写给我的大姊》，《文学杂志》1948 年 5 月第
二卷第 12 期。

比一闪光，一息风更少
痕迹，你也要忘掉了我
曾经在这世界里活过。

　　1955 年初，梁思成病重住院。紧接着林徽因也住进了隔壁的病房。梁思成病稍好些时，每天到林徽因病房中陪伴她，但是昔日那个侃侃而谈的林徽因已经找不回来了。她在仅凭意志与命运进行最后的对抗。

　　林徽因在死亡线上已经挣扎过很多次，可是这一次，她感到自己已经有心无力了。可是，她放心不下病中的梁思成。病房外铺天盖地的大批判已经酝酿成熟，梁思成今后要面临的究竟是什么？林徽因想到苏联发生的事情就一阵不寒而栗。她身心俱疲，忧虑地对关肇邺叹息："梁先生他是一个什么人，他是一个搞学问的人，他所有的东西都在他的学问里头，可是现在要否定他的学问，要否定他研究的学问，他还剩什么了呢，他就什么都没有了。"

　　一代知识分子的悲哀，不过刚刚起头。林徽因预感到了这一切，她已经没有体力继续挣扎在这个让她看不懂的世界了。吴良镛看到昔日神采飞扬的恩师已经陷入一片凄惨中，如果没有建筑思想批判，她的精神还能维持，她的一切动力是她的信念、她的学术、她的精神，当学术思想批判无可避免时，她感觉到无能为力了。

　　"有时我坐在那儿，假装在慵懒地休息、聊天，实际上我是在偷偷地倒气，别人说的话我一个字也听不清，每当有伴儿的时候我非常尽兴，但事后总是会非常疲惫，痛苦不堪。但是，如果我让别人知道事后会是这个情形，恐怕再也不会有谁愿意走近我的身边，走进我的生命。"(《1947年致费慰梅信》)

那时候，她从来不把自己当病人。为了尽情享受朋友们在身边的快乐，她情愿用健康来做交换。

是的，她的一生需要许多的爱来填满。丈夫的爱、父亲的爱、孩子的爱、朋友们的爱。在生命的最后几日，林徽因已经说不出话。她与梁思成时常四目对忘，眼睛里深深地情化为无声的心中暗涌。前来探望的朋友目睹此情此景无不替他们伤心落泪。

3月31日深夜，林徽因用积攒的最后力气请求护士，她要见隔壁的梁思成，她还有话要对梁思成说。

冷漠的护士拒绝了她。护士回答她：夜深了，有话明天再谈吧。

可是，林徽因已经等不到明天了。一辈子健谈的她，居然没有机会将人世间最后的遗言留下。也许她要说出对这个世界的无限眷恋和热爱；也许她要嘱托梁思成将儿女好好照顾；也许她要叮嘱梁思成怎么面对接下来的批判；也许她想到了追随她一生的朋友们。

一切只是猜测，一切无从再提。1955年4月1日，在黎明到来之前，她溘然闭上了双眼，悄悄地离开了人间。

那最后的几句话，竟然没有机会说出。

当梁思成被扶到病房时已经被巨大的悲伤击垮，他当场失声痛哭，不停喃喃地重复着："受罪呀，受罪呀，徽你真受罪呀！"

林徽因走了。却不是她想象中的诗意告别，比如"你若安好，便是晴天"。梁思成不要这样的永别，他还希望那个美丽的女孩在他面前说起一串"疯话"。这串疯话，是甜蜜的情话，是海枯石烂的盟誓，是一往情深的誓言。

他曾问她，为什么选他？

她笑这个傻小子问的问题傻，她调皮地逗他，说，这个问题，我要用一生来作答。

然而，这个"一辈子"何其短暂。短到来不及白头偕老，短到日月春秋未及沧海桑田。

北京市人民政府把林徽因安葬在八宝山革命烈士公墓，纪念碑建筑委员会决定，把她亲手设计的一方汉白玉花圈图样移做她的墓碑。梁思成为妻子设计了墓体，以朴实简洁的造型，体现了他们一生追求的民族形式。"建筑师林徽因之墓"由莫宗江题写。生平好友金岳霖、邓以蛰赠送挽联：

　　一身诗意千寻瀑　　万古人间四月天。

林徽因去世后，组织上安排梁思成在颐和园的谐趣园养病，这年，在女儿过生日的当天，父亲给她写了一封信。

"宝宝，今天我又这样叫你，因为今天是一个特殊的日子，特别是今年，我没有忘记今天，二十六年前的今天二时一分，我初次认识了你，初次听见你的声音，虽然很久了，记忆还不太模糊。由医院回家后，在旧照片里我还发现了一张你还是大约二十几天的时候，妈咪抱着你照的照片，背面还有她写的一首诗，'滴溜溜圆的脸'。我记得去年今天，你打了一个电话回家，妈咪接的，当时她忘记了（你的生日）。后来她想起，心里懊悔，难过了半天。"

女儿梁再冰知道，这封信一定是在父亲极度思念母亲时写的。

20世纪60年代初回暖的日子转瞬即逝，清华大学全校停课，建筑系馆被查抄，建筑系的教职工开始分批到农村锻炼。清华大学建筑系不再需要梁思成，当他无比珍爱的建筑教育，被拆卸得支离破碎之时，他已是病榻上一个垂危的老人。临终之前，华罗庚和张奚若分别来探望了他。1972年1月9日，梁思成在极度的痛苦和困惑中，顶着全国典型"反动学术权威"的大帽子离别了人世。

参考书目

胡木清、黄淑质：《梁思成林徽因影像与手稿珍集》，上海辞书出版社，2014 年。

吴荔明：《梁启超和他的儿女们》，北京大学出版社，2013 年。

林洙：《梁思成林徽因与我》，三联书店（香港）有限公司，2011 年。

陈学勇：《莲灯诗梦 林徽因》，人民文学出版社，2012 年。

顾永棣：《徐志摩全集》，浙江人民出版社，2015 年。

庄莹：《民国胭脂和她们的时代》，山东画报出版社，2015 年。

陆小曼：《陆小曼自述自画》，中国青年出版社，2013 年。

梁启超著，谢玺璋导读：《梁启超家书》，中州古籍出版社，2016 年。

刘天华、维辛：《梁实秋怀人丛录》，当代世界出版社，2007 年。

刘小沁：《窗子内外忆徽因》，人民文学出版社，

2001 年。

娄承浩、陶祎珺：《陈植——世纪人生》，同济大学出版社，2013 年。

费慰梅著，成寒译：《林徽因与梁思成》，法律出版社，2014 年。

梁思成著，林洙编：《大拙至美》，中国青年出版社，2013 年。

张邦梅著，谭家瑜译：《小脚与西服：张幼仪与徐志摩》，中信出版社，2001 年。

林徽因：《林徽因诗文集》，译林出版社，2011 年。

张清平：《林徽因传》，百花文艺出版社，2007 年。

王大鹏：《百年国士》，商务印书馆，2012 年。

李喜所、胡志刚：《新文新民新世界——梁启超家族》，新星出版社，2017 年。

梁思成：《佛像历史》，中国青年出版社，2014 年。

梁从诫：《林徽因集》，人民文学出版社，2014 年。

张清平：《林徽因画传》，江西人民出版社，2016 年。

易社强著，饶佳荣译：《战争与革命中的西南联大》，九州出版社，2012 年。

陈岱孙：《往事偶记》，商务印书馆，2016 年。

金岳霖著，刘培育整理：《金岳霖回忆录》，北京大学出版社，2015 年。

李光谟著：《从清华园到史语所——李济治学生涯琐

记》，商务印书馆，2016年。

王亚蓉编著：《沈从文晚年口述》，商务印书馆，2014年。

徐百柯著：《民国风度》，九州出版社，2012年。

岳南著：《那时的先生》，湖南文艺出版社，2016年。

梁思成著，林洙编：《梁》，中国青年出版社，2014年。

费正清著，阎亚婷、熊文霞译：《费正清中国回忆录》，中信出版集团，2017年。

潘剑冰著：《民国课堂　大先生也挺逗》，广西人民出版社，2014年。

梁思成著：《中国古建筑调查报告》，三联书店，2012年。

萧乾著：《此情堪忆——萧乾心灵地图》，新世界出版社，2014年。

吴其昌著：《梁启超传》，江苏人民出版社，2015年。

沈从文：《沈从文集》，江苏人民出版社，2014年。

王一心、李伶伶著：《徐志摩　新月社》，陕西人民出版社，2009年。

林洙、费慰梅著，张昊媛译：《他没有等到这一天——林洙与费正清、费慰梅20年书信往来》，中国青年出版社，2016年。

季羡林著：《我的先生朋友们》，中央编译出版社，2009年。

徐志摩著：《巴黎的鳞爪》，华夏出版社，2008年。

朱涛著：《梁思成与他的时代》，广西师范大学出版社，2014年。

胡适著：《胡适品人录》，华文出版社，2014年。

徐志摩著：《我的世界太过安静》，中国工人出版社，2013年。

胡适著：《胡适自传》，金城出版社，2015年。

梁启超著：《梁启超讲国学》，凤凰出版社，2012年。

岳南著：《南渡北归》，湖南文艺出版社，2015年。

唐德刚、夏志清、周策纵等著：《我们的朋友胡适之》，岳林书社，2015年。

胡适等著：《胡适选专业——大师们的大学生活》，辽宁教育出版社，2006年。

胡适著：《容忍与自由》，云南出版集团，2016年。

胡适著：《胡适四十自述》，中国文史出版社，2015年。

牛千一著：《林徽因和她客厅里的先生们》，安徽人民出版社，2013年。

邵建著：《胡适的前半生》，广西师范大学出版社，2013年。

费正清著，张沛、张源、顾思兼译：《费正清中国史》，吉林出版集团，2016年。

梁启超著：《梁启超清华大学演讲录——为学与做人》，东方出版社，2015年。

刘昀、王曙光编：《岱岳长青——陈岱孙纪念文集》，北京大学出版社，2012年。

郑大华著：《张君劢》，群言出版社，2013年。